Y0-EDC-248

El círculo del exilio y la enajenación en la obra de Reinaldo Arenas

EL CÍRCULO DEL EXILIO Y LA ENAJENACIÓN EN LA OBRA DE REINALDO ARENAS

María Luisa Negrín

Hispanic Literature
Volume 50

The Edwin Mellen Press
Lewiston•Queenston•Lampeter

Library of Congress Cataloging-in-Publication Data

Negrín, María Luisa.
   El círculo del exilio y la enajenación en la obra de Reinaldo Arenas / María Luisa Negrín.
      p. cm. -- (Hispanic literature ; v. 50)
   Includes bibliographical references and index.
   ISBN 0-7734-7909-0 (hc.)
    1. Arenas, Reinaldo, 1943---Criticism and interpretation.2. Exile (Punishment) in literature. 3. Alienation (Social psychology) in literature. I. Title. II. Series.

PQ7390.A72 Z76 2000
863--dc21

                                                                         99-048754

A CIP catalog record for this book is available from the British Library.

Copyright © 2000 María Luisa Negrín

All rights reserved. For information contact

            The Edwin Mellen Press   The Edwin Mellen Press
                   Box 450   Box 67
                Lewiston, New York   Queenston, Ontario
                USA 14092-0450   CANADA L0S 1L0

                       The Edwin Mellen Press, Ltd.
                      Lampeter, Ceredigion, Wales
                     UNITED KINGDOM SA48 8LT

                    Printed in the United States of America

A mis hijos, resumen de esperanza

Indice

Reconocimiento .... *ix*

Prefacio .... *xi*

Introducción .... *xv*

Capítulo I *1*
    Los ensayos, la poética del exilio

Capítulo II *21*
    Antes que anochezca: confesión y testimonios de una conciencia enajenada
Elementos autobiográficos que conforman la personalidad
y la obra de Arenas... 21
Reminiscencias picarescas... 30
Trasfondo histórico-político: sus motivos y símbolos recurrentes......................... 32

Capítulo III *45*
    El círculo infernal del exilio
Muerte y homosexualidad de un ser en diáspora.. 45
Reescritura, posmodernidad y transgresión en *El color del verano* 54
El asalto: fin de una agonía... 61

Capítulo IV *71*
    Tres instancias hacia la liberación y la autenticidad
    La salvación por el arte: *Arturo, la estrella más brillante*

La evasión hacia el horizonte imaginario de la creación....................................... 71
Un doble exilio interior.. 79
Viaje a La Habana, la esperanza del amor 87
El portero: la búsqueda de la esperanza... 97

Capítulo V *117*
    La poesía. La trascendencia por la lucha
    "El central": búsqueda de la identidad histórica

La visión antitética de una identidad fragmentada 125
"Morir en junio y con la lengua afuera", un grito de autenticidad 132
"Leprosorio", el estallido hacia la muerte 136
Voluntad de vivir manifestándose: **el escepticismo vital** 138

Conclusión *149*

Bibliografía *153*

Indice Onomástico *163*

Reconocimiento

Mi más profundo agradecimiento a la profesora Gemma Roberts, por su incansable apoyo y por las largas horas dedicadas a orientar este trabajo. Su guía y su afectuoso interés fueron esenciales para mí.

Agradezco las sugerencias de todas las personas que leyeron este manuscrito: los profesores Donald Randolph, Jane Connolly y Jean Paul Madou; un recuerdo especial para el fallecido profesor Enrique Baloyra, a Onelia Fonseca por su constante estímulo.

Agradezco a Araceli Cantero, y a mi esposo Luis del Canto toda la ayuda técnica brindada, y sobre todo, su comprensión.

Prefacio

Leer a Reinaldo Arenas no es tarea fácil: sus novelas no fueron escritas para entretener y deleitar al lector, sino más bien para sacudirlo e inquietarlo con el testimonio de un hombre que experimentó todas las formas de la enajenación y del exilio en un siglo tan angustiante y conflictivo como ha sido este que acaba de terminar, desgraciadamente, con presagios apocalípticos.

La lectura de la obra de Arenas, sus padecimientos en la Cuba de antes y después de Fidel Castro, nos llevan a la conclusión de que no ha sido el siglo XX el tiempo propicio para los héroes, para las grandes individualidades que Carlyle creía impulsaban el curso de la historia, sino que estamos ante el tiempo trágico de los que han sufrido los horrores de las guerras, los espantosos holocaustos, la opresión de las más terribles y despiadadas tiranías. No se puede leer a Arenas sin pensar, más allá del drama cubano, en los millones de seres que han tenido que abandonar sus hogares, huyendo del totalitarismo, seres que han tenido que vivir en tierra *ajena*, y lo que es peor aquellos que han sufrido, en la propia patria, las enajenaciones producidas por la falta de libertad y la imposición de ideologías que no respetan el derecho sagrado del hombre a la vida. En el caso de Arenas, comprobamos, una vez más, la afirmación de William Barret sobre la literatura contemporánea: "The literature of the twentieth century is largely a lamentation for ourselves as victims."

Al calar profundamente en el alma desgarrada de Reinaldo Arenas, al enfocar el estudio de su obra desde la perspectiva del exilio interior como exterior, María Luisa Negrín nos va revelando no sólo al gran artista que fue Arenas, no sólo penetra en las complejidades de su obra literaria, sino que también enfrenta al lector con "el hombre de carne y hueso". Precisamente, uno de los aciertos de su labor crítica consiste en destacar el trasfondo autobiográfico que subyace en todas las ficciones del autor cubano. Arenas se crea a sí mismo y se re-crea en su mundo literario poblado de antihéroes, seres que viven, sobre-viven más bien, en un ambiente cerrado y asfixiante. Y en medio del despotismo y el oprobio, el autor cubano lanza su grito de protesta, pintando ese carnaval grotesco que para él fue la Revolución (*El color del verano*), pero dejando entrever, aunque sea opacamente, una intensa espiritualidad poética que alcanza en *Arturo, la estrella más brillante* verdaderos destellos de lirismo. E incluso no deja Arenas de vislumbrar una salida, una puerta (*El portero*) que se abre con cierta esperanza a un mundo fantástico, absurdo.

Con el presente análisis de la obra areniana, María Luisa Negrín nos ofrece un libro crítico que, sin desmentir su rigor académico y la concienzuda investigación llevada a cabo, nos pone frente a un alma torturada que en todo momento siguió el precepto nietzscheano de "Di tu verdad y rómpete". Más allá del costumbrismo liviano (y comercial) que hoy atrae a los lectores por sus aspectos pintorescos, lo cubano se revela en Arenas como un terrible desgarramiento. Está así proyectándose en un sentido universal hacia la condición trágica del hombre contemporáneo, y como escritor significativo e importante de nuestro tiempo, podríamos aplicarle las palabras de Ernesto Sábato en *El escritor y sus fantasmas*: "Quedan los pocos que cuentan: aquellos que sienten la necesidad oscura pero obsesiva de testimoniar su drama, su desdicha, su soledad. Son los testigos, los mártires de una época". María Luisa Negrín nos muestra, efectivamente, cómo al leer a Reinaldo Arenas estamos ante un "testigo", un "mártir" que se rebeló contra la injusticia social, contra la crueldad, contra el despotismo y, en última instancia, contra la existencia misma. Su suicidio, como su obra toda, plantea numerosas interrogaciones que, desde la perspectiva del exilio interior y la enajenación, María Luisa Negrín nos ayuda a dilucidar.

Gemma Roberts

Profesora Emérita de la Universidad de Miami

Introducción

La obra literaria de Reinaldo Arenas ha sido analizada desde diferentes perspectivas críticas, la estructural, la estilística, la psicoanalítica, pero podría decirse que el exilio es el gran protagonista que cohesiona su producción total. El presente acercamiento al tema del exilio y la enajenación en la obra del autor cubano intenta destacar el predominio de esa vivencia de exilio y marginación que acompañó su vida y su labor como escritor. Es su condición de exilio y alienación perenne, dentro y fuera de su país, lo que le impulsa, en última instancia, a convertir sus textos en una lucha constante en pos de la libertad integral del ser humano.

Nacido en un medio rural en 1943, Arenas vio la luz como hijo ilegítimo en el seno de una familia compuesta en su mayor parte por mujeres. Ese es su primer exilio: saberse diferente de los demás niños, no tener padre. Más adelante, y según confiesa en su autobiografía, descubre su homosexualidad. Esto implica otro extrañamiento tanto del seno familiar como del mundo heterosexual. Crece bajo la dictadura de Batista (1952-58). Padece las miserias de su tiempo: hambre, violencia, abusos. Se abre a la juventud con el comienzo de la revolución cubana en 1959. Se va a La Habana y se inicia en la literatura. Pronto se desencanta de la revolución y empieza a sentir la represión intelectual bajo el régimen totalitario de Cuba. A las nuevas miserias se añaden la persecución y el terror. Se siente aún más marginado dentro de su país. Si antes lo era socialmente por ser homosexual, ahora lo es doblemente por ser disidente. Lo detienen; su obra no se difunde en Cuba. Después del primer premio en 1967 por su novela *Celestino antes del alba*

(*Cantando en el pozo*, 1982) y unos pocos cuentos publicados en distintas revistas, su obra no se publica en su patria aunque es ya un autor reconocido en el extranjero, especialmente tras la publicación en México de su segunda novela *El mundo alucinante*, 1969, que contiene ya gran parte de sus temas de exilio, persecución y anhelo de libertad. Vive completamente marginado a su salida de la cárcel en 1972. Hasta esa fecha ha conocido todas las gamas posibles del exilio interior y así sigue viviendo hasta 1980 en que felizmente puede salir de su país. En Estados Unidos comienza el exilio exterior, y todo lo que éste conlleva: nostalgia, extrañamiento, penurias, pero por primera vez es libre de decir lo que siente y lo dice abiertamente, irreverentemente.

Arenas escribe y reescribe su obra y denuncia sin descanso al gobierno de Cuba en conferencias y reuniones y en las películas *Conducta impropia* y *Nadie escuchaba*. Es autor de la "Carta Plebiscito" de los intelectuales a Castro. Termina con *El color del verano* (1991) la pentagonía iniciada con *Celestino antes del alba*, que incluye *El palacio de las blanquísimas mofetas* (1980), *Otra vez el mar* (1982) y *El asalto* (1991), todas escritas total o parcialmente en Cuba. Escribe cuatro novelas en el destierro, *El portero* (premio a la mejor novela extranjera en París, 1986) y las tres noveletas recogidas en *Viaje a La Habana* (1991), que incluye "Que trine Eva", "Mona" y "Viaje a La Habana". Ven la luz sus dos libros de poemas: *Voluntad de vivir manifestándose* (1989) y *Leprosorio* (1990). Salen en forma de libros sus ensayos recogidos bajo el título de *Necesidad de libertad* (1982) y un libro de teatro *Persecución* (1986).

Al abordar el presente trabajo he seguido el criterio de exilio y enajenación planteado por la sociología en cuanto al exilio exterior e interior. Ambos están compuestos por una amplia gama de facetas, pero, a manera de resumen, puede decirse que el exilio exterior se refiere a la separación del lugar de origen, ya sea voluntaria o forzada, por múltiples razones: destierro, exilio político, migración económica. El exilio interior se manifiesta cuando el ser humano no puede ejercer libremente sus funciones ciudadanas por estar sumido en la marginación, ostracismo, prisión, disidencia. La enajenación puede explicarse como un sentimiento de no pertenecer, en que el ser humano se siente sin asideros y que conlleva una actitud crítica y el cuestionamiento existencial; la alienación es una suerte de exilio interior, por lo cual puede interrelacionarse con ambos exilios y éstos entre sí. En el caso de Arenas se perciben varias manifestaciones del exilio interior dentro de la isla en varias de sus novelas. En el extranjero se observan en su escritura los aspectos del exilio exterior y dentro de éste el exilio interior nuevamente.

Para abordar este análisis se ha hecho énfasis en las novelas menos analizadas por la crítica. Del ciclo de la pentagonía me detuve en sus últimas novelas publicadas, *El color del verano* y *El asalto*, por ser ambas como la explosión final de toda la furia temática y verbal acumulada en las tres anteriores. El análisis de *Arturo, la estrella más brillante* (1984), una noveleta que corresponde temporalmente al ciclo de la pentagonía se centra en los distintos aspectos del exilio interior del autor: marginación social, represión política, ostracismo intelectual, prisión. También la he escogido porque esta breve novela anuncia una salida, aunque alienada, de todos los terrores a través de la evasión del protagonista hacia el mundo de la belleza creadora. El exilio exterior, con sus principales características se analiza en *El portero* y en *Viaje a La Habana*, que, de cierta manera, continúan la línea de *Arturo, la estrella más brillante* en cuanto a buscar una salida por la fuerza liberadora de la imaginación.

El presente análisis sólo es un acercamiento a la obra del fallecido escritor cubano desde el tema del exilio y la enajenación, por lo cual se han analizado los elementos estilísticos y la estructura exclusivamente cuando éstos tienen relación con el tema o son dictados por la condicionante del exilio. En este sentido, y con una visión integral de toda su obra, incluso los títulos arenianos sobre los cuales ha llamado la atención el crítico Ottmar Ette, son reveladores de la peculiar situación de exilio de este autor cubano. Así, por ejemplo, su primera novela *Celestino antes del alba* es una abarcadora premonición de su obra total, cuyo título hará referencia al comienzo de todo un ciclo narrativo. Más tarde, al cambiarle el título a *Cantando en el pozo*, el significado del título no se altera sino que mantiene la idea del comienzo. El pozo es ahora el símbolo del inicio, como si toda su obra y sus personajes parecieran salir desde el fondo de este pozo. Como símbolo representa la caída, la soledad y la muerte, reflejos de la alienación que padeció el autor. En el orden de su obra invadida por la historia, el pozo parece decir que toda esa historia terrible que se va contando surge de un pozo y que Cuba como nación nace de un oscuro pozo. El pozo es la muerte y en toda su novelística hay un ansia de muerte, un constante deseo de desaparecer hacia el último destierro.

De este pozo de *Celestino* va surgiendo el personaje central. Primero un niño, que después se irá desarrollando ante los ojos del lector en las siguientes novelas de la pentagonía. *Otra vez el mar*, es una frase que se repite en su autobiografía. *Arturo, la estrella más brillante*, es el nombre de la estrella que aparece en su primera noveleta, *La Vieja Rosa*, y el nombre del hijo de ésta. El mismo libro de poemas, *Voluntad de vivir manifestándose*, toma el título de una frase de sus ensayos. *El color del verano*, aparece en su noveleta "Que trine Eva." Es decir, que los títulos están anunciados y cumplen una función paratextual; prefiguran la obra que, de este modo, se inicia desde otros textos.

La división del presente trabajo se ha hecho de acuerdo a los géneros analizados. Los dos primeros capítulos analizan los ensayos recogidos en *Necesidad de libertad* y su autobiografía *Antes que anochezca*. Se ha escogido este orden para que se pueda observar que el pensamiento de Arenas y los rasgos reales de su vida van conformando también su mundo de ficción. El tercer capítulo, "El círculo infernal del exilio", se ocupa de las novelas de la pentagonía que por su carácter explosivo y catártico concluyen un ciclo y permiten que el autor se abra a una cierta posibilidad de esperanza. Desde esta perspectiva se analizan las novelas posteriores en el cuarto capítulo, "Tres instancias hacia la liberación y la autenticidad." Se ha dejado el análisis de sus poemarios *Leprosorio* y *Voluntad de vivir manifestándose* para cerrar este estudio en el quinto capítulo, "La poesía, la trascendencia por la lucha," porque en estos dos libros el autor resume en apretada síntesis poética los elementos analizados en su obra narrativa. No se han incluido los cuentos porque de cierta manera sus elementos temáticos y estilísticos están contenidos dentro de la producción novelística del autor y también porque la producción de Arenas en este género no es tan extensa. Lo mismo sucede con el teatro areniano. Sólo escribió cinco cortas piezas teatrales recogidas en *Persecución*. También el análisis de estas obras cortas haría demasiado repetitivo el estudio del tema del exilio y la enajenación ya que los mismos elementos se repiten en todos los géneros. La obra de Arenas puede estudiarse como literatura de exilio en el sentido más general y particular del término: por un lado, desarraigo, alienación, nostalgia, soledad y, por otro, enriquecimiento cultural, apertura a nuevos temas, universalidad y esperanza.

Capítulo I
Los ensayos, la poética del exilio

La obra de Reinaldo Arenas es una respuesta literaria a las experiencias de sus múltiples exilios. En el plano del exilio interior sufrió todas las formas de éste, desde la marginación familiar, social y política como hijo ilegítimo, homosexual y disidente, hasta la prisión y el ostracismo. Cuando emprende en 1980 el camino del exilio territorial, añade a su vivencia de marginado y preso la experiencia del destierro.[1] Es en sus ensayos donde expresa con total claridad esa poética de exilio

---

[1] Paul Tabori en *The Anatomy of Exile* (London: Harrap, 1972) señala que en la categoría de exiliado entran una amplia gama de personas que se ven forzadas a abandonar su país por distintas razones, ya sean políticas, económicas o sicológicas: "It does not make an essential difference whether he is expelled by physical force or whether he makes the decision to leave without such an immediate pressure" (37). Paul Ilie en *Literatura y exilio interior* (Madrid: Editorial Fundamentos, 1981) añade otra dimensión: "La separación del país de uno significa algo más que la falta de contacto físico con la tierra y los edificios. Es también un conjunto de sentimientos y creencias que aíslan de la mayoría al grupo expulsado. Una vez que reconocemos que el exilio es una condición mental más que material, que aleja a una gentes de otras gentes y de su manera de vivir, entonces queda definir la naturaleza de esta separación, no como un despegue unilateral, sino como algo más profundo." Agrega que la "escisión es una relación recíproca; separar a un segmento de la población del resto de ella es también dejar al segmento más grande separado del pequeño (...) Vivir aparte es adherirse a unos valores que están separados de los valores predominantes; aquel que percibe esta diferencia moral y que responde a ella emocionalmente vive en exilio" (7). En el exilio interior abarca una amplia gama en la que entran los marginados sociales, los presos, los repatriados, los disidentes, todo aquel que es rechazado por el poder dominante. Para Ilie "la relación entre el exilio interior y el exilio exterior se duplica

que compone su obra y su vida. En su libro *Necesidad de libertad*, que recopila gran parte de su obra ensayística, está recogido su pensamiento y además de sus ideas políticas y sociales muestra las concepciones con que trabaja el resto de su producción. Acercarse a sus ensayos es una manera de conocer la fuente temática y formal de que emana su arte.

Estructuralmente en *Necesidad de libertad. Mariel: testimonios de un intelectual disidente*[2] como en sus novelas, cabe todo: cartas, notas, fotografías, estadísticas, tres prólogos y tres epílogos. El mismo autor dijo en una entrevista que incluye Francisco Soto en su estudio sobre Arenas que "he querido mantener en el libro ese tono que se mantiene en casi todo lo que yo he hecho. Es decir, el tono contradictorio y la diversidad de ángulos, de puntos de vista."[3] *Necesidad de libertad...* está dividido en siete secciones. La primera consta de tres prólogos. El primer prólogo está compuesto solamente por dos citas, una de Jorge Luis Borges y otra de Bartolomé de las Casas. Este primer Prólogo determina la razón de ser del libro, que se manifiesta en una cita que Arenas tomó de Borges de la revista *Sur*, de 1946: "Las dictaduras fomentan la opresión, las dictaduras fomentan el servilismo, las dictaduras fomentan la crueldad; más abominable es el hecho de que fomentan la idiotez. Botones que balbucean imperativos, efigies de líderes, vivas y mueras prefijados, muros exornados de nombres, ceremonias unánimes, la mera disciplina usurpando el lugar de la lucidez... Combatir esas tristes monotonías es uno de los muchos deberes de un escritor." El propósito del libro es por tanto desenmascarar una dictadura, "porque la maldad no se cura sino con

---

dentro del exilio interior (11). Las notas de ambos autores que aparecen en el texto corresponden a estas ediciones. También he utilizado la edición en inglés de Paul Ilie, *Literature and Inner Exile* (Baltimore and London: The Johns Hopkins University Press, 1980).

[2] Todas las notas están tomadas de la edición (agotada) de (México: Kosmos-Editorial, 1986).

[3] Francisco Soto, *Los mundos alucinantes de Reinaldo Arenas* (Madrid: Editorial Betania, 1990) 56.

decirla, y hay mucha maldad que decir," aclara la segunda cita. Por lo tanto, son el texto de Borges con su visión sobre las dictaduras y el de Las Casas, defensor de los oprimidos, los que definen la idea central del libro implícita en el título: la necesidad de libertad.

Desde el segundo prólogo que titula "Grito, luego existo", Arenas comienza a denunciar la maldad que conoció bajo el gobierno de Cuba y a decir sus verdades. Para ello incluye documentos históricos: discursos, notas de prensa, fotografías, y analiza la literatura cubana a la luz de esa necesidad de libertad, y a la luz de la historia que le tocó vivir desde "una posición privilegiada. Campesino, obrero de una fábrica, becado del 'gobierno revolucionario', joven comunista, estudiante universitario, escritor marginado, prófugo y presidiario; pocas calamidades se me escaparon" (21).

El tema que le da unidad al libro es la libertad, que no es sólo la política o social sino la plena realización del ser humano. En el aclaratorio subtítulo, "Testimonios de un intelectual disidente", destaca que estos ensayos son hijos de su propia experiencia y por lo tanto, como el resto de su obra, difícil de deslindar de su vida, de su búsqueda personal de la libertad. "Los trabajos y documentos aquí reunidos son un testimonio... quizá no sean toda la verdad... pero son mi verdad (mis verdades)" (21). A la luz de esas verdades *Necesidad de libertad* en gran medida explica su obra, inseparable de su vida siempre bajo la persecución y el extrañamiento.

Al llegar a Estados Unidos, Arenas, por primera vez, es un hombre libre. Pronto se da cuenta de que el ansia de libertad que lo lleva a huir de su país nunca va a realizarse completamente fuera de él, porque el exilio es escisión: "no somos completamente libres porque estando aquí en el destierro, estamos aún allá en alma e imagen" (57). Esta sensación dual de todo desterrado ya la señaló S.R. Wilson, para quien "to be an exile today is to be in a constant pattern of integration and disintegration —a type of cubist painting that constantly takes on the dimensions and shadows of surrounding conditions."[4]

En el ensayo, "Martí ante el bosque encantado," Arenas analiza la fusión exilio-muerte en el *Diario de Campaña de Martí*. En la medida que avanza el análisis del fragmento martiano, el autor se va fundiendo con Martí a quien considera "el símbolo y fe de lo más sublime —la necesidad de libertad— y espejo de lo más terrible —el destierro (...) él es nosotros..." (57). Con esta afirmación está incorporando la vivencia de exilio de Martí a la suya propia y a la de todos los cubanos. Por eso funde en todo el ensayo la tercera persona (Martí) y el nosotros colectivo (los exiliados cubanos) o el yo personal (el autor). A través del análisis del exilio martiano va comprendiendo lo que será el suyo propio que acaba de iniciar. Al exilio territorial suma una nueva característica: la del exilio interior dentro de éste. Para él, el exiliado fuera de su país vive tratando de seguir siendo el que fue, pero ya no es más que la sombra irrecuperable, amparada por el recuerdo, del que fue.

Paul Tabori plantea que el exiliado vive entre dos tiempos, el de su país que ya no tiene y la realidad que le circunda y enajena.[5] Arenas añade a esto la imposibilidad de ser que afrontan los exiliados, el desdoblamiento entre la memoria nostálgica y el presente de "aquéllos, ahora acá, ahora éstos también somos criaturas exclusivas, es decir, algo irrepetible como todo ser humano, formado de una memoria y de una nostalgia. Y esa nostalgia (...) es por alguien que quedó allá y somos nosotros mismos" (56-57). Esta imposibilidad del exiliado de unir ambas memorias en un mismo tiempo le hacen un ser escindido que desde

---

[4] S. R. Wilson, "El Cono Sur: The Tradition of Exile, The Language of Poetry" *Revista Canadiense de Estudios Hispánicos* 8. 2 (1984) 252.

[5] El tiempo para Tabori enmarca una condición del exilio: "take the liberty to forge one more definition, *destiempo*, a man who has been deprived of his time (...) of the time which now passes in his country. The time of his exile is different...The life of the exile (...) moves backwards. He lives in a complete vacuum which his imagination fills exclusively with phantoms of a dead world" (32).

su exilio territorial vive en un perenne exilio interior, con una parte de su ser alienada de la sociedad en que se desenvuelve, porque el exiliado, como ha observado Serrano Poncela, "está sujeto a un ritmo histórico que deja sus problemas atrás y ya ellos permanecen amargos dentro de él exigiendo algún tipo de alivio. El está fuera de fecha y al mismo tiempo se encuentra unido a todo. Está dividido entre la evasión y la acción. Sólo en la especulación abstracta puede salvarse."[6] La salvación para Reinaldo Arenas está en el poema, porque "es lo que nos da una dimensión de futuro, lo que justifica que hayamos tenido pasado. Poema es lo que queda después del derrumbe (...) resistencia al golpe, reto al horror, triunfo de la pasión, la magia y la memoria, por encima (...) de la propaganda y sus estímulos, del avance de las hordas" (91).

Para el autor, el exiliado vive añorándose a sí mismo como fue en su país, en otro tiempo y otro entorno detenidos por siempre en la memoria. Es una nostalgia de su propio yo: el yo de su juventud unido a un paisaje por el que ya jamás va a transitar, y que fue su circunstancia, una circunstancia "formada de un ritmo, de un tiempo, de un paisaje naturalmente irrecuperables. Y en ese tiempo, en ese paisaje, estaremos también siempre nosotros aún cuando físicamente no estemos allí" (56). Ese desdoblamiento del exiliado enajenado de su yo, que vive dos vidas paralelas, comparando siempre, incapaz de sentirse completamente aquí, añorando un ser que ya no es, le impide vivir en completa libertad porque sigue "allá en alma e imagen" (57) en patética escisión. Por eso el paisaje tiene tanta importancia en su obra: espacios inmensos, ya sea campo (*Celestino antes del alba*, *El palacio de las blanquísimas mofetas*) o mar (*Otra vez el mar*), donde el personaje, ahogado por la estrechez de hogares, pueblos y ciudades hostiles, halla la sensación de libertad sólo en comunión con la amplitud del paisaje. En la obra de Arenas el campo o el mar son parte del discurso de exilio como único alivio a la desesperación de sus personajes. La añoranza del exiliado es para él la nostalgia

---

[6] Segundo Serrano Poncela, "La novela española contemporánea", *La Torre* (1953) 117.

de la juventud y de la niñez enmarcadas por el paisaje amado.

Para expresar este vivir dual del exiliado utiliza recursos estilísticos como la yuxtaposición antitética de adverbios, verbos y pronombres: aquí, allá; aquéllos, éstos; fuimos, somos. La frase se alarga para apoyar ese ritmo nostálgico del recuerdo con la repetición del demostrativo anafórico: "en ese tiempo, en ese ritmo, en ese paisaje" (56). Repica la nostalgia su repetición con un martilleo de ritmo poético. Las vocales abiertas de los demostrativos pronuncian la cadencia triste de la frase "esa memoria, esa nostalgia; esas llamadas, esas voces" (57). Las parejas de sustantivos y participios pasivos opuestos enfatizan la escisión, la ruptura del exilio: "el goce y el terror, lugares y gentes, amados y odiados," y van logrando un ritmo lento, desgarrado, a la vez que subrayan la dualidad física y existencial del exiliado, que marcha por la vida viviendo en dos mundos, el del pasado, que ahora sólo vive en su memoria y el actual, el físico del destierro.

Arenas, hechizado ante la muerte como Martí ante el bosque, hace suya la muerte de Martí. Para el autor el regreso de Martí es un hechizo suicida por recuperar el pasado, el lugar y el tiempo de la juventud, irrepetibles, pero siempre añorados. "Ese bosque que ya de lejos, en nuestra desgarrada alucinación y soledad se volvió mágico, y donde los árboles ya no son árboles sino espíritus que susurran o claman... vívidos recuerdos que nos llaman día a día, minuto a minuto año tras año" (58). El escritor se funde completamente con la primera persona del plural: ahora marcha, cabalga junto a Martí, bajo el bosque añorado. Para él, el regreso de Martí, o de todo exiliado, es no sólo para encontrar un país al que ya no pertenece, de cuya vida ha estado aislado durante años que abren un hueco insalvable, sino que el exiliado, envejecido por años de dolor, va a recuperar con el país, un lugar y un entorno en el que fue joven. Regresa a recuperar su juventud.

Sin embargo, el regreso es darse de bruces con la realidad de que el exilio "debe ser considerado como irreversible" (Ilie, 107). Por eso el ansia de regresar es también un anhelo de muerte: "Secretamente intuimos (él intuye) que obedecer la llamada del bosque es perecer" (57). La muerte no es sólo física. Llegar, volver, significa enfrentarse con la realidad de que ya no se es quien fue; es saber que el exilio dejó un vacío, un tiempo irrecuperable. El exilio es la nada y regresar es no ser, es perecer. Estos seres desgarrados buscan un tiempo perdido (Arenas era un admirador de Marcel Proust),[7] el tiempo paralelo al de sus años de exilio, el tiempo del que quedaron fuera y les impidió realizarse en el modo de vivir y la época destinada, el tiempo que les arrebató a sus vidas la secuencia lógica, dejándoles un vacío que hay que reinventar en la memoria.[8] Más que hacer suyo el paisaje que describe Martí, se apodera de él, se funde con el autor en la utilización del "nosotros"; ya no aclara en paréntesis la tercera persona. Ahora es nosotros con Martí y continúa con él, compañeros ambos bajo el mismo paisaje durante casi todo el último párrafo. Tanto incorpora la vivencia martiana a la suya propia que su estilo de largas frases acumulativas se parece, al final, al tono rápido, anhelante del *Diario de Campaña* de Martí: "Verdor cerrado. Detrás la noche. Y el cielo..." (61). La vivencia del exilio les acerca. Poetas y escritores ambos, alejados de la misma tierra, sienten en la misma ciudad y por razones parecidas, una idéntica necesidad de libertad. Arenas se siente ligado a ese Martí con el que comparte, a un siglo de distancia, la experiencia del exilio.

En "El mar es nuestra selva y nuestra esperanza" reconoce el exilio como una constante en la vida del artista cubano: "el exilio parece ser el arduo, humillante y triste precio que deben pagar casi todos los artistas cubanos para poder hacer o intentar hacer su obra, su patria. Pues en última instancia la

---

[7] "Volví a leer a Proust... cuando lo vuelvo a leer me gusta más. Yo creo que Proust hizo una renovación en la literatura por la que tenemos que estar agradecidos eternamente" (Soto, *Los mundos alucinantes de Reinaldo Arenas*, 58).

[8] Ver la función de la memoria y el tiempo en la obra de Arenas en el artículo de Ottmar Ette, "La obra de Reinaldo Arenas: una visión de conjunto," *La escritura de la memoria*, ed. Ottmar Ette (Frankfurt am Main: Vervuert Verlag, 1992) 95-138.

verdadera patria de un escritor es la hoja en blanco." (31)

Para Arenas el creador es un rebelde cuya misión también es denunciar los males sociales. El artista debe siempre conservar la honestidad intelectual, debe estar dispuesto a señalar el mal, a hablar su verdad, aunque esto le cueste la marginación de la vida intelectual de su país, la cárcel y el destierro. El intelectual es la voz que alerta porque como le dice a Paulo Octaviano Terra, "todo arte es comprometido, pero sólo que con la libertad. Lo otro es servilismo y oportunismo."[9] Y esto significa muchas veces nadar contra la corriente, no conformarse. Por lo que el artista vive siempre en una especie de exilio interior.[10] En su autobiografía, Arenas señala esta característica al hablar de Virgilio Piñera y José Lezama Lima:

> Fueron, sobre todo, honestos con su obra y honestos con ellos mismos (...) Los dos, naturalmente fueron condenados al ostracismo, y vivieron en la plena censura y en una suerte de exilio interior, pero ninguno amargó su vida con resentimientos, ninguno dejó ni por un momento de escribir (...) La belleza es en sí misma peligrosa, conflictiva para toda dictadura, porque implica un ámbito que va más allá de los límites en que esa dictadura somete a los seres humanos (...) La belleza bajo un sistema dictatorial es siempre disidente. (*Antes que anochezca*, 110 y 113)

Arenas acierta en una característica de la idiosincrasia cubana, presente en la novela sobre todo de las primeras décadas republicanas y especialmente en las obras de Carlos Loveira y Miguel de Carrión: lo erótico como forma de evasión. Es cierto que sexo, evasión, exilio y muerte son la clave para enmendar el sentimiento de fracaso del cubano ante la realidad histórica de cinco siglos de opresión y de la frustración de no haber ganado ninguna guerra.

---

[9] Paulo Octaviano Terra, "Entrevista exclusiva con Reinaldo Arenas," *Linden Lane Magazine* 40. 3 (1992) 20.

[10] Para Paul Tabori, "any mayor artist and truly creative mind was a foreigner in his own country —that, by being different, strange, non-conformist (...) he exiled himself from the world of common sense" (32).

Lo cubano es... lo abierto, lo ecléctico, lo mezclado, lo violento, lo irónico, lo casi inapresable... Extensión abierta al sol y al viento, lo cubano es un silbido inconsolable. Y dentro de esa extensión siniestra (matizada fugazmente por el violeta del crepúsculo) lo erótico como una desesperada forma de olvido, lo erótico como una desesperada forma de irse. (32)

El erotismo en su obra es una característica que acentúa la condición de alienación y exilio de sus personajes. A través de la relación sexual tratan de evadirse del entorno que los frustra y reprime y de encontrar su esencia y la reafirmación de sus vidas. El erotismo es también una forma de rebeldía contra ese mundo al cual no pertenecen. Así lo afirma en *Antes que anochezca:* "Nuestra juventud tenía una especie de rebeldía erótica" (118).

En "el mar es nuestra selva y nuestra esperanza" las palabras adquieren un simbolismo que denuncia características existenciales propias de un ser humano que se ahoga en el vacío y la destrucción física y moral de su pueblo: polvo, podredumbre, desolación, nada, se repiten en el breve ensayo: "Sólo la inmensa polvareda se eleva sobre figuras sudorosas y derrotadas (...) Ciudad varada en su desolación estricta: pudriéndose" (30). El polvo lo cubre todo como una pátina que entorpece y mata el sueño del ser humano. Este se convierte en un ser enajenado de una realidad que lo aparta y le impide las funciones de todo ser social: opinar, proyectarse en su vida ciudadana, en fin, pertenecer. El cubano se ve recluido a sus más básicas opciones: la preocupación por la comida y las necesidades primarias imponen un ritmo ancestral a su vida "donde el artista fue reemplazado por el policía; la palabra por la consigna (...) el hombre por la máscara" (30). Y sobre este polvo, en este clima de destrucción, el individuo se siente aplastado por una dictadura que impone su terror y destruye el alma. Es una ciudad cuyos habitantes, como denuncia el propio discurso, viven en exilio interior. La desolación ante la imposibilidad del ciudadano de manifestarse se une a la desolación que deja, en los que quedan en el país, la otra parte que se ha visto obligada a partir al exilio territorial, porque como señala Ilie "el ciudadano ausente deja un vacío... Cada segmento está incompleto y ausente sin el otro" (10). Esta afirmación da la medida de que el exilio cubano no es sólo el que está fuera sino que la isla toda vive en exilio de su más íntimo yo. Todos los cubanos padecen alguna suerte de exilio. En estas páginas se esboza una idea general que se reafirma en toda la obra de Arenas y especialmente en su poesía: la historia de Cuba es la misma desde la conquista, la de un país esclavo y esclavizante, que no ha podido ganar ninguna de sus guerras de liberación. Por eso se evade hacia lo erótico. También ésa es la razón de que la tradición de la cultura cubana sea "la de ser una cultura de resistencia y exilio" (36). Señalar el mal es la única manera de detener este ciclo repetitivo. El intelectual debe poner al descubierto la verdadera historia de su pueblo: "El peligro nos rodea y, como en la explanada de circundada e intrincada vegetación, el tiroteo de los guardacostas suple a los tambores (...) Esa es nuestra historia. La misma que padeció el indio cubano hasta perecer (...) la del negro (...) en la colonia floreciente (...) isla invadida siempre por espantos sucesivos." (32)

Desde esos espantos habla Arenas con la intención de aclarar esa historia, no la oficial, no la de los héroes de los libros escolares, sino la de los perseguidos, la de los desamparados, la de los marginados que componen un pueblo, el suyo, que agoniza desde hace quinientos años bajo una historia de miserias parecidas en que el tiempo no parece existir.

Precisamente en "Fluir en el tiempo" expone los tres niveles que para él coexisten en el tiempo y que explican la función de éste en sus novelas. "La vida, pues, transcurre en dos tiempos: un tiempo oficial (pomposo y discurseante) que refleja la prensa y un tiempo real (hambriento y humillado) que se refleja en el alma y en el estómago; y, por encima de todo, un gran tiempo detenido: el tiempo de la autenticidad" (86). La preocupación por el tiempo es uno de los rasgos que ve Ilie en el exilio interior: "el exilio interior es precisamente la formalización del tiempo en una preocupación y un obstáculo" (114). Todo pueblo que vive bajo la opresión sufre alguna categoría del exilio interior. Para Ilie éste es "el aspecto final de la alienación. El miedo se instaló en las familias... Muchos individuos entraron en un exilio de disimulo" (50). También Ilie define la alienación como "un exilio del ejercicio responsable de la capacidad humana" (102). Al vivir bajo esa suerte de mentira constante, de doblez sicológica, el ciudadano se enmascara, se convierte en un ser disfrazado, en un ser alienado. Pierde el ejercicio de su esencia ciudadana y es sólo un ente que habita un lugar donde ya no se vive más que en el tiempo de la memoria, mientras se espera por un tiempo futuro o no se espera nada. En la obra total de Arenas se ven estos personajes alienados dentro del marco familiar o social, en un perenne exilio interior.

Sin embargo, el artista sí tiene la capacidad para elevarse hacia otro tiempo, el de la autenticidad, donde se detiene para crear. Este tiempo no tiene medida porque es el tiempo de la poesía y de la memoria que transcurre en un presente eterno. Así lo expresa en la entrevista con Francisco Soto: "el pasado es el presente. Una vez que se recuerda, uno está viviendo el presente" (47). Ese es el tiempo en el que Arenas crea su obra, pero éste es también en sus últimos años el tiempo del exilio: un tiempo irreal. Para Wilson el exilio "is the anxiety of living in distinct temporal and spatial conditions; exile is knowing you are alive because you left the country... Essentially, exile, rather than renouncement is a form of restructuring. Time must be reinvented, it must be measured more distinctly than previously... Exiled writers live in worlds of contradictory sentiments" (252). El tiempo medido en años, meses, no cuenta. Arenas tiene que reinventarlo y lo hace alumbrando la historia. Esta búsqueda del tiempo estructura su poesía en la que la historia de su pueblo es una sola, que se alarga en el tiempo. El poema tiene que develar esa historia, ese tiempo que es a la vez pasado y presente, la historia de un prolongado sufrimiento, de una larga opresión.

Arenas vivió gritándole al mundo el horror que padeció; ese grito constante fue germen de vida y poesía en su obra. Ese grito es la expresión de su desesperación: "el desesperado y yo no tenemos patria." Con el exergo de Albert Camus confirma en este mismo ensayo, "Fluir en el tiempo", el desamparo y la angustia que padeció. Su pedazo de patria, en el sentido de pertenencia, la que siempre le acoge y le alivia de la patria de la desesperación que vivió fue su "hoja en blanco" (84). Con esta afirmación destaca el extrañamiento del artista que ha de volcarse en esa hoja en blanco para auténticamente ser. Esa hoja en blanco es a un tiempo patria y desarraigo, porque escribir, decir su verdad, implica muchas veces la cárcel y el exilio. "Un artista es siempre la voz de un terror trascendente y exclusivo; la voz de su paisaje y de su pueblo" (103).

La necesidad de libertad debe ser la búsqueda constante del ser humano. Uno no debe conformarse, dice en "Juego de jaulas o experiencias de exilio": "Triste destino el del ser humano si está condicionado a ser aquello que doscientos años atrás alguien había estipulado. ¿Y su condición humana?, ¿y su curiosidad incesante? ¿Y su voluntad de vivir manifestándose?" (52)[11] Arenas examina la condición del exiliado, "ese conejo, ese emigrante, ese exiliado (...) en los Estados Unidos ante esa impotencia de la primera potencia (...) a una América Latina analfabeta políticamente pero politiquera" (54). Con el juego de palabras destruye los significados para señalar las debilidades de Estados Unidos y de América Latina. Esta visión de Arenas coincide con el pensamiento del venezolano Carlos Rangel, para quien los verdaderos problemas de América Latina están dentro de ella misma y en sus limitaciones.[12] Como Rangel, Arenas critica la historia latinoamericana de caudillismo y de incapacidad para la paz:

---

[11] Arenas acostumbra a marcar con letra cursiva el énfasis que da a algunas palabras. En este caso, esta frase es el mismo título que da a su libro de poemas *Voluntad de vivir manifestándose* (Madrid: Editorial Betania, 1989).

[12] Ver Carlos Rangel. *Del buen salvaje al buen revolucionario* (Monte Avila Editores: Caracas, 1975).

> Una aureola (...) envuelve aún en América Latina al padre prepotente, al gran caudillo, al 'gran guía', al 'salvador' legendario que tomará las riendas del poder y (...) nos liberará de la desesperación desgarrada de pensar y obrar, es decir, de ser hombres auténticos (...) renunciemos al padrecito, al caballero mitológico, al airado, al bravucón, al emperifollado militar que desde la tribuna habla él solo en nombre de todo el género humano. (85)

En "Fluir en el tiempo", Arenas nuevamente destaca a través de la antítesis el desgarramiento del exiliado, el extrañamiento que no le permite integrarse a la corriente del nuevo país y que, al menos al principio, le hace sentir que no pertenece ni a aquél ni a éste: "Qué sensación de inseguridad, de sentirnos en el vacío, sin tocar fondo, sin estar aquí pero tampoco allá" (55). Al mismo tiempo, el exiliado vive recreando su país. La nostalgia va difuminando la realidad, embelleciéndola y por tanto haciendo aún más amada, más amable la isla que quedó lejos, en el eterno presente del recuerdo: "¿La isla? una interrogación incesante; una nueva manera de configurarla, de amarla. . ." (55). El exiliado tiene que vivir con su eterna dualidad, con su angustia, porque: "por ahora Cuba casi no existe ya, más que en nuestros corazones desesperados. Buen sitio sin duda para llevar esa identidad indefinible e indestructible que se llama (de alguna forma hay que llamarla) patria" (55).

"Fluir en el tiempo" es un ensayo transitado por la poesía. La poesía y la lucha le salvan del vacío existencial. Para Arenas la nada no es total porque existe el poema, porque el poeta es "alguien que sabe que los recuerdos, la aventura, el dolor, son los únicos tesoros con que podemos enfrentar y retar al misterio, o si se quiere ser más parco, a la nada, derrotándola" (44). El poema es una especie de Dios que da sentido no sólo a su vida, sino a la vida. La poesía adquiere un sentido de divinidad redentora que le insta a la lucha, a la vez que le permite volver a ser el niño que se baña, que se funde con el aguacero. La poesía le permite salvar el tiempo histórico, le permite ir hacia el tiempo eterno y auténtico.

En este ensayo el color predominante es el blanco del aguacero cayendo a raudales. El blanco es también la inocencia primera de la infancia y la luz del conocimiento del niño, que se abre a la comprensión ante la inmensidad de la naturaleza o ante su diario milagro. Se repite el "blanco, blanco... cómo no integrarse al blanco estruendo, diluirnos, volver a ser aquél" (83). Y Arenas ruega a los dioses "sordos, amados e inexistentes" de su niñez que esa "infancia... me nutra para que contra todas las vilezas asumidas o por asumir, padecidas o por padecer, se alce siempre el consuelo, el desquite desesperado del poema" (84). Lo cual es rogar también que perdure en él aquel niño, que no pierda su capacidad de aprender, ni su fantasía, ni su fe, y que la blancura de ese aguacero le limpie, para que pueda elevarse siempre con la misma pureza infantil hasta la poesía.

Las imágenes poéticas de sus ensayos refuerzan la nostalgia de su niñez, de aquel paisaje, de aquella naturaleza que despertó su imaginación y a la que debe el mayor conocimiento. Así las nubes de su recuerdo son "alto cielo transitado por pabellones flotantes," donde "entra la noche como un pañuelo perfumado que desciende" y "se escapan sonoridades no identificables" (83). El aguacero es un "blanco estruendo" (83) y los árboles son "torres" donde el niño se siente "pleno ante la inconmensurable negrura" (84). Los espacios reales de su paisaje se hacen mayores, se transforman gracias a la imaginación infantil que los vio de esa manera y gracias a la poesía.

En "Desgarramiento y fatalidad en la poesía cubana" repite que sólo el poema justifica la existencia porque "es lo que queda después del derrumbe, más allá del incendio" (80). La perdurabilidad está en la poesía. De esa eternidad de la poesía logra las fuerzas para luchar. Ante el sin sentido de la vida, la poesía es la fuente que genera energía, vida y sentido. Desde el inicio del ensayo afirma que la verdadera historia, el alma de los pueblos, sólo está en el poema. Es a través del poema que se reconstruye la historia. Eso es lo que hace Arenas y en este ensayo da la clave para enmendar su propia poesía y toda su obra, que en definitiva es un gran poema: "Más que en los voluminosos libros de texto, la verdadera historia

(...) la recoge y resume en forma estricta el poema" (91). Sigue explicando la poesía como fuente de lucha, como manantial de fuerza, de esa fuerza descomunal y extraña que le hizo escribir una y otra vez las novelas perdidas y robadas en Cuba,[13] que le hizo sobreponerse a la opresión, e indoblegablemente seguir escribiendo su verdad, reescribiendo la historia de su pueblo, la que habita en toda su obra hasta la última línea de su carta de despedida: "Cuba será libre. Yo ya lo soy."[14]

En ese mismo ensayo señala que el paisaje es poesía, porque aun antes de que exista en un poema, el paisaje se alza inundando el alma de sentir, irradiando su fuerza, creando sensaciones, transformando al ser humano que lo habita. El paisaje americano cambió a los primeros europeos, "los primeros conquistadores (...) ese hombre europeo que a medida que avanza deja de serlo "(92). Porque el paisaje se apodera de las crónicas americanas, se hace presencia protagónica en ellas con la fuerza de la poesía. Y el europeo entra en ese paisaje para dejar de ser; entra al paisaje americano para internarse en un exilio en el que ya no puede oír su propia voz, sino la de la naturaleza. Ese nuevo paisaje le obliga a crear una nueva voz. Arenas continúa en su análisis y se identifica con el romántico americano influido por las vastas extensiones: "un rebelde perpetuo que anhela ir más allá del horizonte cotidiano de su vida, de su paisaje y que a su vez quisiera fundirse, diluirse, desintegrarse en la naturaleza "(93). Esta actitud romántica ante el paisaje y ante la vida está presente en el autor, quien se confiesa romántico porque para él el romanticismo "es una exaltación (un delirio), una rebelión contra la mezquindad cotidiana "(92). Sus personajes se rebelan contra la rutina, contra la sociedad. También lo hace el autor a través de toda su obra y más específicamente en su biografía *Antes que anochezca*, y en su suicidio, su último acto de rebeldía,

---

[13] Todo esto está documentado en su autobiografía, *Antes que anochezca* (Barcelona: Tusquets Editores, 1992).

[14] "Carta de despedida"*Diario de las Américas* [Miami] 11 Dec. 1990: A5.

su último exilio. Proféticamente consideró ya desde *El palacio de las blanquísimas mofetas* el suicidio como "el único acto puro, desinteresado, libre, a que puede aspirar el hombre, el único que lo salva, que lo cubre de prestigio, que le otorga, quizá, algún fragmento de eternidad y de heroísmo" (162). También en este ensayo afirma la calidad biográfica de la obra. Al hablar de Gertrudis Gómez de Avellaneda, afirma que la obra de ésta "como la de todo artista, trasciende lo meramente literario para fundirse con la realidad padecida" (93).

Una vez más reitera la calidad divina de la poesía, que libera al poeta a través de la palabra y le permite realizar su misión "donde el poeta oficiando de pequeño dios o ángel caído logra finalmente expresarse; es decir: ser" (93). Porque la poesía "imanta con un sentido superior la vida " (94). Esta afirmación repetida de varias maneras en sus ensayos puede dar la clave para un acercamiento religioso a la obra del autor, porque aunque Arenas en ocasiones dijo que era ateo, en la entrevista con Paulo Octaviano Terra duda: "¿Dios?, ¿Dios?...Sería una hipocresía decir que estoy seguro de su existencia. Pero tampoco estoy seguro de su inexistencia. Y aquí comienza otra vez la novela de mi vida, que es la de la desesperación" (20). El autor más bien parece haber canalizado su religiosidad a través de la poesía. La poesía es para él un sustituto de la religión o un manto con el que quiere cubrir su rebelde religiosidad. Habría que analizar desde este punto de vista la función del pozo en *Celestino antes del alba* o de la puerta de *El portero*. En ambas obras se ve un hilo espiritual que asciende desde el pozo y sube a las estrellas en *Arturo, la estrella más brillante*, busca o se pierde en el infinito donde para Juan, protagonista de *El portero*, ha de abrirse la puerta misteriosa. Quizá, tras esa puerta, Dios es la respuesta a la inquieta búsqueda de Juan, el cubano exiliado en Nueva York, o el alivio a la desesperación de Reinaldo Arenas.

También, quizá especulando por esta vía, pueda encontrarse un Arenas mucho más dispuesto a creer en Dios durante los años difíciles del exilio territorial, pero con espacio para el alma y para la fe, que el de los años espiritualmente áridos de Cuba. De todas formas, hay en él una cierta religiosidad que lo salva del total vacío espiritual.[15] La poesía es para Arenas como la metáfora de la religión, porque la poesía es la cabal expresión que le sirve de catalizador y que le da, como Dios, paz y consuelo. Por eso la poesía cubana hecha de "desgarramiento y fatalidad, de un dolor nacional íntimo" encuentra en "el aullido del poema, consuelo para seguir aullando" (96).

La poesía es también el consuelo para Martí, el exiliado, que vive en New York desdoblado en "el rodar estruendoso y arrebatado de los ferrocarriles" (97) y en el íntimo recuerdo de su patria. Arenas señala que cuando Martí dice "Dos patrias tengo yo: Cuba y la noche" está reconociendo que no tiene ninguna, que es un ser dividido. Es en esta vivencia de exilio "de esa crisis depresiva...de su angustiosa vida" (97), donde para él está lo mejor de la poesía martiana. Al analizar a Martí, en este ensayo, afirma la función divina de la poesía, dadora de vida. Sólo a través del poema vive el poeta, porque la muerte o el suicidio de Martí es la sublimación del poema total que fue su vida.

Para Arenas la poesía tiene el don del misterio, del hechizo, es magia, es destino, es creación. Por eso Lezama Lima, exiliado dentro de su propia ciudad, "logra la invención de la sobrenaturaleza —el universo visto como una gigantesca e incesante metáfora de algo superior" (98). Esa fatalidad continua de la isla, para el autor, también está en la propia condición insular de la que tanto él como Virgilio Piñera, como Lezama, se sintieron presos. Es esa insularidad, dice analizando a Piñera, la que hace que la historia, el tiempo, se detengan en la isla o giren en forma circular, en que la opresión se repite: *"colonización, esclavitud,*

---

[15] Roberto Valero ofrece en "Ay, qué lindo tienes el pelo." Un testimonio de los últimos tiempos de Arenas, sobre una visita del escritor a su casa: "Apareció entonces el Rey religioso, místico casi, con atisbos de magia y supersticiones (...) convencido de que tenía que existir algo después de la muerte." Ette 30.

república de pantomima, colonización" (99). Esta circularidad insular puede verse también en la estructura de las novelas y en la poesía de Arenas.[16] La circularidad es parte del discurso del exilio, ya que como señala Ilie "los mecanismos formales son en sí una proclamación del exilio interior" (110).

En el tono desesperanzado de Arenas resuenan lejanos ecos del desencanto del barroco: "Siempre la misma plantación tediosa, esperando para consumirnos... Y todo mediocre. Todo siniestro. Todo..." (99). En su estilo influyen los maestros del siglo de oro español, con el uso repetido de las antítesis, de las expresiones anafóricas, de los paréntesis aclaratorios, que recogió de sus lecturas y posiblemente de sus maestros Lezama Lima y Virgilio Piñera. La obra de Arenas tiene en común con la de Lezama y Virgilio el intento de tratar de desentrañar un país y su historia en una totalidad abarcadora, "porque el hombre es al fin la metáfora de la historia" (89). Cultivaron todos los géneros y en los tres es la poesía el gran canto del que parte o al que confluyen todos los demás. Refiriéndose a Lezama, Arenas comenta que "como todo gran poeta Lezama no ha hecho más que construir un gran libro" (111). En una gran medida ésa ha sido también la intención de Arenas, que se evidencia, por un lado, en el sentido de explicación histórica que tiene su obra y por otro, en su constante intertextualidad.[17] Sobre *La isla en peso* de Piñera, escrito en 1943, comenta que "es una culminación que es a la vez cimiento y justificación para toda su obra futura" (123). Lo mismo sucede con Arenas para quien "la poesía es el germen de

---

[16] Toda su obra es un gran poema cuya circularidad está dada hasta en los títulos, desde el inicio, entendido como génesis, con el amanecer de la vida en *Celestino antes del alba* hasta que se cierra el ciclo en la noche, con la última obra y la propia muerte del autor en *Antes que anochezca*. Ya Ottmar Ette en su obra citada analiza la circularidad de la obra de Arenas. Sólo he querido destacar la referencia a una circularidad total que implica ambos títulos.

[17] La intertextualidad en la obra areniana la ha trabajado, entre otros, Eduardo C. Béjar, *La textualidad de Reinaldo Arenas. Juegos de la escritura post-moderna* (Madrid: Editorial Playor, 1987).

todo lo demás" (Soto, 60). También con estos escritores Arenas compartió el exilio interior ya que los tres padecieron la censura y la marginación: Virgilio y Lezama hasta que murieron y Arenas hasta su salida de Cuba. Los tres compartieron "un modo de sentir y un modo de padecer" (113) y "el drama intrínseco del hombre tropical e insular, el drama de la intemperie y las sucesivas estafas" (117).

Los ensayos de Arenas analizan la época que le tocó vivir. Comparten con el resto de su obra el apremio por decir. Es el exilio su etapa más fructífera y también la que le permite libremente hablar sobre la desolación del ser humano abandonado a la desprotección de un gobierno que destruye todos los valores y a esa "terrible circunstancia del agua por todas partes" de que hablara Virgilio Piñera. El mismo como personaje-autor de sus ensayos es una voz que grita los terrores padecidos con la intensidad del que teme perder nuevamente la posibilidad de hacerlo, porque esa posibilidad de escribir es lo que le hace saberse vivo. De ahí su "grito, luego existo" (21). Esta constancia en el grito y en la lucha dota a su obra con una fuerza que roza la esperanza, porque se vive "con el fin de no darnos jamás por derrotados" (90). A pesar de su desgarramiento y desolación, esa esperanza culmina en su carta de despedida donde asegura que Cuba será libre.

Las ideas de sus ensayos se pueden ver con pequeñas variantes en sus novelas. El ensayo se traduce a veces como la interpretación de las ideas, o las intuiciones, expuestas a través de su obra de ficción. Por ejemplo, en *El palacio de las blanquísimas mofetas*, en que están expresadas muchas de sus ideas sobre la libertad, el tiempo, la realidad, habla del don de la memoria de transformar lo perdido en un recuerdo más bello que el que se vivió: "Esa canción tampoco él podría olvidarla. Su letra, su ritmo pegajoso estarían resonando siempre en aquella extensión: —su vida acorazada de ofensas... Olores que quizá nunca se disfrutaron (...) sitios y tiempos que ya no existen más que en este momento en que dados por irrecuperables, son evocados."[18] En "Fluir en el tiempo" dice "Ya sé: el recuerdo cubre de prestigios lo que cuando fue, no fue más que un simple acontecer rutinario" (84).

Albert Camus es una influencia palpable en la obra de Arenas. En sus ensayos está la certeza del absurdo de la vida y de lo inapresable de los sentimientos. Como Camus,[19] Arenas antepone la lucha como medio de vencer este absurdo. "Así creo que es la vida... un misterio al que hay que atacar por distintos flancos. No con el fin de desentrañarlo (...) sino con el fin de no darnos jamás por vencidos" (90). Nunca se dio por vencido, como se evidencia en su autobiografía, y al final atacó a la vida por el último flanco, el de la muerte. Cuando, en la fase final de su enfermedad, su vida dejó de tener la posibilidad de la lucha vital y creadora preparó el suicidio, como dice Camus, como una gran obra de arte.[20] Su suicidio debe verse así como el punto final de su obra, como su último grito de rebeldía y de libertad.

---

[18] *El palacio de las blanquísimas mofetas* (Caracas: Monte Avila, 1980) 260.

[19] El Arenas que escribe y reescribe sus novelas perdidas tiene mucho que ver con ese Sísifo que empuja su roca incansablemente. Ambos comprenden que en este seguir adelante radica el sentido de la existencia, porque como dice Camus: "La lutte elle-même vers les sommets suffit à remplir un coeur d'homme. Il faut imaginer Sisyphe heureux." Albert Camus, "Le mythe de Sisyphe," *Essais*, Bibliotèque de la Pléiade (Paris: Gallimard, 1965) 198.

[20] "Un geste comme celui-ci se prépare dans le silence du coeur au même titre qu'une grande oeuvre." Camus 100.

Capítulo II
Antes que anochezca: confesión y testimonios de una conciencia enajenada
Elementos autobiográficos que conforman la personalidad y la obra de Arenas

Con *Antes que anochezca* Reinaldo Arenas termina el ciclo que comenzó con el amanecer de *Celestino antes del alba*.[1] También termina con esta autobiografía el ciclo de su vida y de su escritura. Al abordar esta obra lo primero que resalta es la intención del autor de no separarla del resto de su producción. Comparte con sus novelas la circularidad que se expresa con la introducción-fin, una circularidad total que el autor hace evidente en el título de su primera novela, *Celestino antes del alba*, y en la narración de su vida atormentada que cierra el círculo: *Antes que anochezca*. La connotación de exilio se da en el propio género autobiográfico. El autobiografismo abarca también toda su ficción. Para Liliane Hasson "las Memorias confirman (...) el carácter fuertemente autobiográfico (...) en varios libros suyos, unos episodios y personajes que de tan delirantes parecen mero producto de la imaginación se vinculan estrechamente con su realidad."[2] *Antes*

---

[1] Aunque por razones editoriales tuvo que cambiarle el título a *Celestino antes del alba* (La Habana: UNEAC, 1967) por el de *Cantando en el pozo* (Barcelona: Argos Vergara, 1982), esto no invalida su intención de mostrar la circularidad a través de los títulos de su primera obra y de la última. Inicia un ciclo que va del amanecer del personaje-niño-autor de la primera novela, que se cierra con la muerte del personaje adulto-autor de *Antes que anochezca*. Las citas son de la edición de Barcelona: Tusquets Editores, 1992.

[2] Liliane Hasson, *"Antes que anochezca* (autobiografía): una lectura distinta de la obra de

que anochezca es indispensable para entender que autobiografismo y exilio son dos constantes inseparables en la obra areniana. "Exile and autobiography are integrally related not only in their resistance definition, but in their closeness to two other concepts —birth and death."[3] En un amplio sentido, y más aún en el caso desgarrador de Arenas, una autobiografía es una indagación del autor en su propia vida; es un afán por integrar su propio yo, por hacer coherentes las rupturas, las angustias que ha vivido.: "Autobiography is just that, a rendering, a recreation of a self made possible by an essential split (...) The autobiographer is faced with a difficult task: the uniting of the birth and death of a life with those of a text. All of these issues are brought to light by both exile and autobiography." (Ugarte, 82-83).

En el caso de la obra que se analiza, el autor ha logrado esa unidad a través del hilo que se inicia desde el primer recuerdo del personaje, un niño de dos años que come tierra junto a su prima, y que se desarrolla ante los ojos del lector hasta convertirse en el hombre exiliado que anuncia su suicidio en el prólogo. Por tanto el prólogo es el inicio de la autobiografía que anuncia, a la vez, el final de su vida y el final del texto. Aunque para Roy Pascal "the autobiography (...) postulates a preoccupation with the self that may and often does deteriorate into vanity,"[4] no es así en el caso de Arenas, a quien este género le da la posibilidad de poner en perspectiva su vida, con sus valores y con sus miserias, y le permite denunciar al régimen bajo el cual vivió acosado y sin derechos. Lo hace con una desusada sinceridad, sin apoyarse siquiera en las justificaciones sicológicas que una vida marcada por traumas como los de él podría ofrecer. Expone su vida sin hacerle

---

Reinaldo Arenas" en Ette 165.

[3] Michael Ugarte, *Shifting Ground, Spanish Civil War Exile Literature* (Durham and London: Duque University Press, 1989) 82.

[4] Roy Pascal, *Design and Truth in Autobiography* (Cambridge, MA: Harvard University Press, 1960) 76.

concesiones a su vanidad. Con la misma honestidad intelectual que respetó siempre, deja que participe también, con una descarnada sinceridad, el lado oscuro de su vida: las miserias de su familia, sus cobardías, su promiscuidad, sus miedos y sus debilidades: "Antes de la confesión yo tenía una gran compañía: mi orgullo. Después de la confesión no tenía nada ya: había perdido mi dignidad y mi rebeldía (...) estaba solo con mi miseria" (231). La autobiografía de Arenas encaja en el concepto de Phillippe Lejeune para quien este género "est un récit retrospectif en prose qu'une personne réelle fait de sa propre existence, lorsqu'elle met l'accent sur sa vie individuelle, en particulier sur l'histoire de sa personalité."[5] En un amplio sentido *Antes que anochezca* es la historia de una personalidad, del desarrollo de un ser humano, de sus traumas y ansiedades en medio de una circunstancia histórica, social y familiar específica, marcada por todos los desamparos, herida por todos los exilios. Su misma vida personal es la más amarga crítica a la historia social que padeció y al sistema político del cual él también es producto. En esta autobiografía Reinaldo Arenas se proyecta sobre el mundo y el tiempo en que le ha tocado vivir y, a través del desenmascaramiento de éstos, lleva al lector al conocimiento de su propia personalidad.

Al igual que sus ensayos, esta autobiografía es clave para el análisis de las varias constantes que influyen en su escritura: el exilio con todas sus categorías, la alienación, la necesidad de libertad, el autobiografismo, el erotismo, la persecución, la culpa, el miedo, la locura y la muerte se explican de primera mano en esta obra.

Desde las primeras páginas, surge el niño marcado por la falta del padre, un niño que canta una canción parricida y cuya madre tiene planes suicidas. La falta del padre es una huella perenne en Arenas y en su obra, que de este modo se vincula con un tema recurrente en la literatura hispanoamericana, la búsqueda del padre ausente, al que se une el sentimiento de culpa por haber sido rechazado por

---

[5] Phillipe Lejeume, *Le Pacte Autobiographique* (París: Ed. du Seuil, 1975) 15.

ese padre y el odio por el abandono de la madre. Octavio Paz lo ha definido en *El laberinto de la soledad*.[6] Esta carencia del padre, Paz la define también como una suerte de exilio: "el sentimiento de orfandad es el fondo constante de nuestras tentativas políticas y de nuestros conflictos íntimos. El mexicano y la mexicanidad se definen como búsqueda (...) por trascender ese estado de exilio" (79). La búsqueda del padre y el parricidio son también los temas principales en la novela de Juan Rulfo, *Pedro Páramo*, con la cual la obra novelística de Arenas muestra afinidades como se verá en el próximo capítulo. Es de destacar también la afinidad que guardan la obra y la vida de Arenas con las del dramaturgo francés Jean Genet, quien como el cubano fue huérfano, presidiario, homosexual y cuyas obras reflejan una vida, como la de Arenas, marcada por el horror.[7] Para Reinaldo Arenas, su padre ausente está indeleblemente presente en el rostro desconsolado de su madre y en su propia memoria, cuyo único recuerdo del padre es aquel "hombre apuesto, alto, trigueño (que) me dio dos pesos, me pasó la mano por la cabeza y salió corriendo (...) No lo volví a ver más" (18). Es indudable que esta escena le dejó un hondo recuerdo ya que la inserta en su novela *El palacio de las blanquísimas mofetas* (1980), y la comenta en varias entrevistas. El nacer bajo esta circunstancia enajenante impone a su vida un sentido de desarraigo, el cual se revela en ese ser humano que va surgiendo en la autobiografía, que, como señala Roberto González Echevarría "(...) showing Arenas's bewilderment in a world where even those who love him harm him. The tall, dark and handsome father will pursue Arenas throughout his life, marking indelibly his relationships with men and women."[8] Para el crítico citado esta autobiografía "is a narrative linking poignantly the personal and politics levels of this family romance, told from the

---

[6] Octavio Paz, *El laberinto de la soledad* (México: Fondo de Cultura Económico, 1969)

[7] Seguramente, Arenas conoció la obra de Genet, ya que lo cita en su libro de poemas.

[8] Roberto González Echevarría, "An Outcast of the Island," *The New York Times Book Review* 24 Oct. 1993: 32-33.

point of view of the abandoned son" (33). González Echevarría ve una transmutación de la vida familiar de Arenas con la vida social del país y de la figura del dictador cubano con la del padre que lo abandonó. Ambos son culpables de sus desgracias. Por eso en su carta de despedida Arenas culpa a ese régimen de su muerte. "Sólo hay un responsable: Fidel Castro. Los sufrimientos del exilio, las penas del destierro, la soledad y las enfermedades (...) no las hubiera sufrido de haber vivido libre en mi país" (343). Quizá, como afirma González Echevarría, Fidel Castro es para Arenas un símbolo de ese padre que debió protegerlo y que en cambio traicionó todas sus esperanzas, dejándolo a merced del desamparo y de quien le vino todo el dolor y el desarraigo que padeció, el culpable en un plano íntimo de su individual huida constante. Castro es la esperanza de redención fallida de su pueblo, el culpable en un plano social, de sus persecuciones, cárceles y destierro. Su padre, que debía amarlo y protegerlo, al abandonarlo, le condena a la marginación, le marca con el rechazo. Ambos son uno, y existencialmente representan para el autor la misma estafa repetida.

Como a sus propios personajes, al autor le ronda, desde pequeño, el suicidio, el rechazo del medio y la sensación de no pertenecer, de saberse distinto a sus primos "a los cuales miraba con envidia porque tenían un padre conocido y eso les daba un aire de desenvoltura y seguridad que yo nunca llegué a poseer" (20). Más adelante corrobora ese sentimiento de sentirse ajeno, alienado del seno de su familia: "mi existencia ni siquiera estaba justificada y a nadie le interesaba" (22). El suicidio es en Arenas un acto preparado y pensado. Está convencido de que cuando la vida no tiene valor no hay por qué seguir viviendo. La causa directa de su suicidio, el SIDA, hace que esta decisión en Arenas no responda totalmente a una percepción del absurdo de la existencia. Para él la vida es valiosa mientras se tienen fuerzas para luchar "cuando no hay otra opción que el sufrimiento y el dolor sin esperanzas, la muerte es mil veces mejor" (9). Esta visión está muy cercana a la de Camus, quien plantea que "pour un homme qui ne triche pas, ce qu'il croit vrai doit régler son action."[9] Para Arenas el paliativo al absurdo de la existencia es la lucha, cuando le faltan las fuerzas para luchar tiene que ser consecuente con sus propias ideas expresadas a lo largo de toda su obra. Además, también influye la decadencia de su vida sexual. Ya no atrae, ya no gusta y cuando se da cuenta de esto opta por el suicidio: "No era joven. Allí mismo pensé que lo mejor era la muerte. Siempre he considerado un acto miserable mendigar la vida como un favor" (9). El suicidio es también un acto de rebeldía, producto de la alienación que padeció toda su vida. Siguiendo a Camus, los exilios de Arenas pesan en esta decisión, porque "dans un univers soudain privé d'illusions et de lumières, l'homme se sent un étranger. Cet exil est sans recours puisqu'il est privé des souvenirs d'une patrie perdue ou de l'Espoir d'une terre promise. Ce divorce entre l'homme et sa vie, l'acteur et son décor, c'est proprement le sentiment de l'absurdité" (101). El yo de Arenas nace separado de su vida y es en esta enajenación, hija del desarraigo entre su yo y su vida, en última instancia, donde puede hallarse la causa que va determinando su decisión final de acabar con su vida. Su suicidio no es sólo por la enfermedad y la decadencia física, pesa en él toda la existencia del autor. Porque, como afirma Camus: "...c'est qu'un homme est toujours la proie de ses vérités. Une fois reconnues, il ne saurait s'en détacher. Un homme devenue conscient de l'absurde lui est lié pour jamais. Un homme sans espoir et conscient de l'être n'appartient plus à l'avenir" (121).

En *Antes que anochezca,* Arenas se revela como un ser desesperado. El sufrimiento le cerca de continuo, es la tónica de toda su existencia y en medio de ello el sexo como única posibilidad de evasión, de libertad. Pero este alivio que busca en el erotismo nace de una desesperación, la de no querer ser el que es. Su autobiografía, y quizá toda su obra, está escrita a ritmo de ansiedad, son las páginas de un desesperado: "¿Y qué ha sido de mí? Luego de haber vivido treinta y siete años en Cuba, ahora en el exilio padeciendo todas las calamidades del

---

[9] Camus 101.

destierro y esperando además una muerte inminente?" (115). Su autobiografía es la confesión de su angustia y de la injusticia de la vida a la que no halla ninguna esperanza. No se puede olvidar que antes había intentado suicidarse varias veces: "Decidí otra vez intentar el suicidio (...) dejé de comer pero el organismo resiste infinitamente y muchas veces triunfa" (224). Y lo vuelve a intentar: "Una noche rompí el uniforme, hice una especie de soga con él y me colgué agachado de la baranda de hierro de la cama" (224). En él hay una conciencia de autoexterminio que le acerca mucho al suicidio filosófico, aunque las causas concretas estén siempre relacionadas con circunstancias externas: "Lo peor era seguir existiendo por encima de todo, después de haberme traicionado a mí mismo y de haber sido traicionado por casi todos" (231). Para él, de alguna manera, la lucha es un asidero; cuando pierde este estímulo, el suicidio es la única respuesta a una desesperación que tiene causas mucho más hondas que el SIDA.

Una de las características existenciales del autor es el ansia de evasión que late en él desde su infancia. Una evasión que no es solamente del medio que le rodea sino de sí mismo. En varias ocasiones hace referencia a este deseo de irse, de escapar. Incluso la misma muerte es una fuga, "la única fuga que me quedaba era la muerte" (9). Desde niño estuvo tentado por el suicidio y un deseo de muerte. Para él, las aguas del río son un símbolo de esa ansia de evasión y de aniquilación: "que yo tenía que lanzarme también a aquellas aguas y perderme; solamente en medio de aquel torrente, partiendo siempre, iba a encontrar un poco de paz" (36). Arenas es un ser humano en perpetua huida de sí mismo. Esa necesidad de evasión surge de su propio y personal exilio interior, además del que padece toda la isla, porque ya en el exilio territorial, al llegar a Miami, vuelve a sentir el ansia de huir: "huía de un sitio que no era el apropiado, para sumarlo a mis angustias y a mi manera de ser; huía también para siempre de mí mismo" (314). Sin embargo, años después comprende "que para un desterrado no hay ningún sitio donde se pueda vivir" (314). Añade ahora a esa interna desesperación que le hace huir de todos los lugares, a esa interna ansia de fuga, otra más dada por su condición de exiliado, porque "en el exilio uno no es más que un fantasma, una sombra de alguien que nunca llega a alcanzar su completa realidad; yo no existo desde que llegué al exilio; desde entonces comencé a huir de mí mismo" (314). En realidad ha venido huyendo de sí mismo desde mucho antes; Arenas es un hombre en fuga. La misma precocidad erótica que relata puede ser producto de la búsqueda del alivio, de la evasión de una infancia infeliz. Al mismo tiempo, la manifestación homosexual de su erotismo —"al día siguiente descubrí el 'misterio' de la masturbación; desde luego con seis años yo no podía eyacular; pero, pensando en aquellos muchachos desnudos, comencé a frotarme el sexo hasta el espasmo" (25)— le ha creado ese deseo íntimo de huir de sí mismo y la sensación de no pertenecer a un ambiente y a unas personas "a las cuales yo les era indiferente" (22). Más adelante vuelve a añadir elementos sobre esa sensación de desarraigo que marcó su infancia y su vida toda cuando dice que "mi familia, incluyendo a mi madre, me consideraba un ser extraño, inútil, atolondrado, chiflado o enloquecido; fuera del contexto de sus vidas. Seguramente tenían razón" (36).

Todo esto parece indicar que en los primeros años de su vida, Arenas empieza a vivir en una condición de exilio interior. Una edad clave son los seis años en que se da cuenta de que "indiscutiblemente, me gustaban los hombres" (25). Es decir, descubre muy temprano su homosexualismo, y su soledad dentro del ambiente familiar se ahonda. Ahora se siente aún más extraño y separado de su medio. Su condición de homosexual recrudece el deseo de escapar de sus seres queridos. Reconoce que, "toda mi vida fue una constante huida de mi madre (...) No quería ver el rostro decepcionado de mi madre ante la forma en que yo llevaba mi vida" (221).

En *Antes que anochezca*, al igual que en sus novelas, abunda el erotismo, pero es un erotismo en el que no hay amor, sino una necesidad de evasión; la misma que Arenas ha señalado en sus ensayos *Necesidad de Libertad*, publicados en 1986,[10] como una característica de la literatura cubana. El también, como autor y personaje literario de su autobiografía, es un ser que se evade de sus fracasos a través del sexo. Un personaje que no pudo alzarse hasta la dimensión humana que da el amor, porque su vida y su expresión literaria carecieron de este sentimiento. Incluso el deseo sexual no llega a ser un alivio total porque es fuente de peligro, "el placer sexual casi siempre se paga muy caro" (218). Para Arenas no existió el amor como complemento y conjunción del erotismo. Es más, asegura que "el amor es una cosa y la relación sexual es otra" (279). En toda la obra, llevado a la exageración caricaturesca típica del autor,[11] se ve un mundo en el que abundan los actos sexuales cuyo único fin es la satisfacción sin ninguna relación sentimental: "Nunca he podido trabajar en plena abstinencia, porque el cuerpo necesita sentirse satisfecho para poder dar rienda suelta al espíritu. Pero por el día (...) había tenido insólitas aventuras con bellísimos adolescentes entre los matorrales: diez, once, doce veces" (127).

Estas relaciones sexuales promiscuas y carentes de amor son una expresión más de la alienación del autor de sus lazos afectivos. La homosexualidad de Arenas no hace más que agudizar el extrañamiento con que toda su vida está marcada; no es un modo de canalizar sus afectos reprimidos.[12]

---

[10] El ensayo "El mar es nuestra selva y nuestra esperanza" ha sido analizado en el capítulo anterior.

[11] Roberto Valero, en su ensayo "Viviendo el *Leprosorio:* acerca de la poesía de Arenas," Ette 148, dice que la obra de éste es "una atrocidad festiva o una festividad atroz, un frío carnaval." Sobre lo carnavalesco y caricaturesco en la obra areniana consultar el libro de Julio E. Hernández Miyares y Perla Rozencvaig. *Reinaldo Arenas: alucinaciones, fantasía y realidad* (Caracas: Montesinos, 1990), el ensayo de Jorge Olivares "Carnival and the Novel: Reinaldo Arenas, *El palacio de las blanquísimas mofetas,"* Hispanic Review 53. 4 (1985): 467-476.

[12] Ver el trabajo de Kessel Schwartz "Homosexuality and the Fiction of Reinaldo Arenas," *Journal of Evolutionary Psychology* 1.2 (1984): 12-20.

De esta característica se da cuenta muy joven, al terminar con su primer amante:

> Tenía yo en aquel momento un concepto distinto de las relaciones sexuales; quería a una persona, quería que esa persona me quisiera y no pensaba que uno tenía que buscar, incesantemente en otros cuerpos lo que ya había encontrado en uno solo; quería un amor fijo (...) alguien a quien uno perteneciese y que le perteneciera. Pero no fue así, ni creo que pueda ser posible, por lo menos en el mundo homosexual. (90)

Más adelante sugiere la falta de cohesión, de seguridad que conlleva el homosexualismo en el que "por instinto se tiende a la dispersión, a los amores múltiples" (90). Es significativo que haya escogido la palabra "dispersión" para calificar ese mundo. Con esta palabra evidencia la separación y la carencia de un centro, de una solidez, a los que acogerse. De alguna manera, con esta palabra, considera que la condición homosexual implica un desraízamiento, un exilio interior.

Al no poder realizarse plenamente a través del amor, Arenas canaliza esa parte espiritual y sentimental de su ser a través de la escritura que es para él "la culminación o el complemento de todos lo demás placeres y también de todas las demás calamidades" (135).

Reminiscencias picarescas

Partiendo de ese despertar de sus seis años se pueden señalar algunas deudas de esta obra con la novela picaresca, con la que comparte, además del despertar del niño-protagonista, la circularidad de un prólogo que cuenta el desenlace. Es hijo de padre desconocido y de una madre abandonada, venida a menos en el seno de la familia, quien "no podía tomar ninguna decisión ni siquiera sobre mí mismo" (19). También, como los protagonistas de la novela picaresca, abandona el hogar buscando mejorar económicamente, trata con personas de las que aprende y lo ayudan, y otras de las que recibe maltrato. El hambre, presente en la novela picaresca, también lo está en la autobiografía de

Arenas, primero por la pobreza de la familia —"había que comer algo y como lo que había era tierra, tal vez por eso se comía" (28) —y después por el racionamiento: "(...) comía mal y poco; el racionamiento era terrible y era además mi tía quien tenía la libreta en que yo aparecía, y desde luego casi nunca me daba comida o me daba lo peor" (136).

Otra característica que comparte con la picaresca son los "amos". El autor también tiene que depender de algunas personas, no tanto para comer como Lazarillo o Guzmán sino para tener un techo. La carencia de casa en la obra de Arenas se equipara al papel del hambre en la novela picaresca, porque para tener donde vivir depende de su tía, de una anciana llena de gatos, de un delincuente que le vende falsamente una habitación. El mismo autor hace referencia a la novela picaresca al hablar de una casa de huéspedes donde vivió: "En las habitaciones dormíamos tres o cuatro hombres; era como un sitio de una novela picaresca de Quevedo o Cervantes" (94). A su tía la caracteriza como "un personaje picaresco (...); cuando se mudó para aquella casa en Miramar (...) lo primero que hizo fue desvalijar todas las casas cercanas (...) entraba de noche con sus hijos y robaba cuanto se le antojaba" (169). Incluso en Nueva York, en 1984, hace una adaptación para el teatro del *Lazarillo de Tormes*.

En la estructura externa comparte con el *Lazarillo o el Buscón* de Quevedo la división en capítulos cortos y otros más largos. Como en el *Guzmán de Alfarache* la obra está dividida en una gran cantidad de capítulos, ssenta y nueve, más la introducción y la carta de despedida que deja al suicidarse, hecho que anuncia en la introducción, de modo que comparte con el *Lazarillo de Tormes* la estructura cerrada. Desde el punto de vista estilístico, esta obra no tiene las complicaciones estructurales de sus novelas ni el lenguaje a veces poético de sus ensayos. El lenguaje de *Antes que anochezca* es preciso y claro. Todos estos detalles hacen pensar que tomó el marco estructural de la picaresca para escribir su autobiografía. Por otra parte el pícaro es, como Arenas, un marginado social que vive alienado del medio y que por tanto padece una forma de exilio interior, ya que según lo define Francisco Ayala, es un personaje de "ínfima extracción social, quien, pasando por avatares sucesivos, nos introduce en sectores y ambientes diversos de la sociedad (...) desde una perspectiva poco favorecedora, es decir desde abajo."[13] El pícaro ofrece como Arenas, desde la visión del marginado, toda la sociedad en que su vida se desarrolla. Su punto de vista es el del marginado que vive en exilio interior, y se siente rodeado por un mundo que lo acosa, lo rechaza o que no le ofrece posibilidades a su existencia. *Antes que anochezca* muestra el padecer colectivo de un pueblo bajo la injusticia y la opresión. Esta obra, como dice Fernando Lázaro Carreter del *Lazarillo*, "es el testimonio de un desencanto, la ejemplificación de un ansia colectiva mediante un personaje (...) que rueda por un mundo cruel."[14]

Trasfondo histórico-político: sus motivos y símbolos recurrentes

Ilie plantea que en las obras de exilio "el mundo histórico domina la autonomía de la expresión literaria."[15] En esta autobiografía, como en el resto de su producción, las circunstancias políticas van documentando esa historia en la que se desarrolló la vida del autor en Cuba, y éstas son muchas veces el trasfondo de la expresión literaria. También la historia desempeña un papel importante en la obra de Arenas. El uso recurrente de la experiencia personal le permite desentrañar la historia, esclarecer el mundo en el que vivió, y representa al mismo tiempo la búsqueda, por parte del exiliado, de una patria perdida que el tiempo y la historia le han robado. *Antes que anochezca* es la "peregrinación histórica" (Ilie,

---

[13] Francisco Ayala, el *Lazarillo, nuevo examen de algunos aspectos* (Madrid: Taurus, 1971) 17.

[14] Fernando Lázaro Carreter, *Lazarillo de Tormes en la picaresca* (Barcelona: Ariel, 1983) 61.

[15] Ilie 109.

111) de un desterrado que revive su tiempo y su historia, donde el tema de Cuba se convierte en una obsesión "por la sencilla razón de que su reloj interno ha dejado de funcionar" (Ibid.). También porque la causa que le impulsa a huir tiene motivaciones políticas, la historia se convierte muchas veces en trasfondo sobre el cual monta su obra. En la misma autobiografía está toda su vida narrada sobre los hechos más importantes de la historia de su país. En *Antes que anochezca* Arenas reafirma muchos de los conceptos que años antes había desarrollado en sus ensayos. Esta obra, a la vez que su historia individual, explica la de su país: "Ahora veo la historia política de mi país como aquel río de mi infancia que lo arrastraba todo con su estruendo ensordecedor; ese río de aguas revueltas nos ha ido aniquilando, poco a poco a todos" (116). Su niñez transcurre con la dictadura de Fulgencio Batista (1952-1958), con quien "la situación económica se hacía peor, al menos para los campesinos pobres como mi abuelo" (55). Para su abuelo todos los gobernantes anteriores a Fulgencio Batista "también habían sido unos delincuentes; por eso sentía un gran respeto por Chibás... quien tenía como lema "Vergüenza contra dinero" (52). Probablemente este abuelo "antirreligioso, liberal y anticomunista" (51) haya sido la mayor influencia política de Arenas. Una influencia que le ayudó a ver desde muy pronto que el nuevo régimen no iba a ser mejor que el anterior. Al llegar la Revolución al poder en 1959 se dio cuenta de que comenzaba "el gran entusiasmo, el gran estruendo y un nuevo terror" (69).

El contenido de esta obra autobiográfica, incluyendo los juicios sobre la política, está subordinado a un orden cronológico y al recuerdo. Esta exposición de pasado a presente depende de unos mecanismos formales que son en sí mismos una manifestación del exilio interior y exterior. Guillén señala que "(...) the basic dimensions and symbols of exile could be considered the circle and the center (...) to be expelled from the center of the circle amounted to the danger of being hurled into the void or doomed to non-being."[16] Ambas dimensiones se dan en la obra de

---

[16] Claudio Guillén, "On the Literature of Exile and Counter Exile," *Books Abroad* 50

Arenas, quien afirma que "ya no existo desde que llegué al exilio" (314). Sin embargo, estos símbolos no están presentes en su obra sólo en el exilio territorial, como los ve Guillén. También dentro del exilio interior se dan estas características espaciales. Para el niño campesino el desplazamiento hacia la ciudad es la pérdida del paisaje querido que conformaba su centro y ese desgarramiento se parece un poco a la muerte. Así define Arenas su primer exilio físico, al mudarse su familia del campo a la ciudad: "Yo veía Holguín como una inmensa tumba; sus casas bajas simulaban panteones castigados por el sol" (56). Se siente ajeno del centro de su familia, marginado del mundo intelectual oficial en Cuba, e incluso, en sus últimos años, se siente expulsado del mundo homosexual porque ha envejecido: "Nadie me había hecho caso y los que allí estaban habían seguido con sus juegos eróticos. Yo ya no existía. No era joven" (9). El círculo y el centro son referencias constantes en toda la obra de Arenas. Sus exilios parten de la expulsión o autoexpulsión de los centros vitales para su vida: familia, trabajo, campo, ciudades queridas, país. En la circularidad de toda su obra el personaje central siempre trata de escapar, huye, sufre, es expulsado y se debate en la desesperación. La simbología del exilio de que habla Guillén resulta así cumplida e intensificada en el caso de Reinaldo Arenas.

El tiempo del exilio territorial está determinado por lo que Ilie denomina "la coordenada de la esperanza" (107), es decir, la esperanza del exiliado de volver a su país. Esa esperanza Arenas jamás la perdió. Estaba seguro de que Cuba volvería a ser libre. También se añade el hecho de que el exiliado se siente desterrado de su tiempo. Según Guillén: "In our time the most terrible of banishments will often be exile from the present —or, even worse, from the future" (275). Una vez más esto se da en Arenas en el exilio interior, en Cuba, de cuyo presente fue arrancado. Y en el exilio territorial este mismo sentimiento se observa con respecto al pasado, porque el exiliado pierde el hilo que lo une a su

---
(1976): 275.

tiempo anterior. Arenas se siente unido a su pasado sólo con su amigo Lázaro con quien compartió la vida en Cuba: "Lázaro ha sido (...) el único asidero a mi pasado (...) con él siempre he tenido la sensación de poder volver a ese mundo irrecuperable" (330). Ese mundo es el centro del cual se siente separado.

La tierra y el mar pueden verse también como espacios simbólicos tan importantes en los exilios de Arenas, que les dedica sendos capítulos. La tierra es el centro primario, su identidad campesina. El mundo de la naturaleza que conoció de niño es punto de referencia constante en toda su obra. Su relación con la tierra tiene un sentido casi religioso, de reverencia, "caminar por la tierra (...) es ponernos en contacto con la plenitud absoluta" (49). Cuando se termina su mundo campesino siente que le arrancan de su centro. Al ser transplantado de la tierra, de su lugar de origen, de su mundo, "terminaba una época (...) de un encanto, una expansión, un misterio y una libertad que ya no íbamos a encontrar en ninguna parte" (55). Sabe que toda felicidad ida es irrepetible, y con el desgarramiento de este primer destierro físico intuye que ha perdido asidero y raíz, de alguna manera intuye que ya está listo para las huidas posteriores: "Me prometí irme de aquel pueblo cuando pudiera (...) no regresar nunca, morir bien lejos era mi sueño" (56).

Si la tierra puede verse como centro, el mar es una obsesión, un círculo expandido donde caben todos sus sueños y su esperanza. El mar es la libertad y encierra toda la belleza y amplitud, todo el silencio y espacio de que carece su vida. Más que un símbolo, es lo más amado de su paisaje, tanto que es casi un personaje en su novela *Otra vez el mar*. El mar es el único alivio y la única esperanza que encuentra en sus momentos más desolados: "Yo no podía vivir alejado del mar (...), su estruendo era ya un consuelo, y desde luego, la mayor compañía que tenía entonces y que he tenido siempre" (36). En el mar está también la única posibilidad de huir de la isla convertida en una cárcel, pero es también como una frontera circular que lo encierra, "amábamos el agua como una forma de escapar de la tierra donde éramos reprimidos; quizá al flotar en el mar escapábamos a aquella maldita circunstancia insular" (139).

Para Ilie en las obras de exilio, "la imaginería (...) es antiarcádica, un vehículo dramático mediante el cual el exilio espiritual se materializa y el escritor purga sus sentimientos violentamente negativos" (107). Esta imaginería antiarcádica está presente en la autobiografía en las descripciones de los parajes: "¿Qué había sido de ese pueblo? Estaba absolutamente destruido y desierto...; ya no había barcos, las playas habían perdido la arena y en su lugar sólo se encontraban piedras y erizos" (146). Los personajes, tan a la intemperie como el mismo paisaje, también se destruyen física y espiritualmente: "mirándonos con nuestras telas rústicas y nuestra piel chamuscada por el sol y la falta de vitaminas" (167). La frustración de los seres humanos se evidencia también en estas descripciones: "...blanco rechoncho y desolado, era la imagen de la destrucción...; ahora se paseaba por entre aquellos árboles como un fantasma" (241).[17] Estos parajes y seres destruidos no se limitan a los del país que quedó atrás, sino que están presentes también en el exilio territorial. De alguna manera el que huye de su país por motivos políticos no está dispuesto a amar de inmediato al país que le acoge. Es un modo de mostrarse a sí mismo que su país es insustituible, y quizá, de afianzar o de justificar, por ese amor, todo el sufrimiento padecido, porque como señala Guillén "emotionally, if not culturally, nationalism retains and nurtures the centripetal tendencies in exile" (275). La primera ciudad a la que llega, Miami, es, por tanto, un lugar "chato, envidioso y mercantil (...) es una ciudad que no es ciudad (...) un pueblo de vaqueros donde el caballo ha sido sustituido por el automóvil" (313). El exiliado no encuentra nunca un sitio igual al de su esperanza. Es más, buscando autoafirmarse en los primeros e inseguros tiempos del destierro, rechaza con violencia la posibilidad de hallar esa esperanza que quedó en el espacio del que se vio obligado a salir, y que es siempre, de alguna irremediable manera, el hogar, la patria, la casa: lo que ya no está. Años

---

[17] Se refiere al poeta cubano Heberto Padilla.

más tarde, ya en New York, descubre que la ciudad es "una enorme fábrica desalmada" (333), y que Estados Unidos, a su vez, "es un país sin alma" (332). El mismo autor define este sentimiento al decir que el desterrado "es ese tipo de persona que ha perdido a su amante y busca en cada rostro nuevo el rostro querido y, siempre, autoengañándose, piensa que lo ha encontrado" (315). Arenas se da cuenta de que el desterrado es un ser sin raíces. Alguien marcado por carencias. El exiliado es una parte sin el todo.

La palabra "estruendo" se repite incesantemente, tanto en su biografía como en las novelas y ensayos, como si el autor se hubiera sentido siempre acechado por ese estruendo, que es también una manifestación de la furia y la violencia en que se desarrolló su vida. La palabra estruendo asociada a la Revolución es símbolo de lo más negativo; el estruendo es la intromisión, la violencia, la destrucción del orden. Con la palabra estruendo simboliza el caos que la Revolución va a llevar al país. Este término puede estar relacionado lo mismo con el río, que con las fiestas: "bajo aquellas luces la fiesta adquiría un fulgor de leyenda... y yo bajaba a toda velocidad... junto al mismo estruendo" (33). La lluvia "era un aguacero de primavera tropical que se anunciaba con un gran estruendo ...caía sobre los barriles con estruendo de cascada" (35). El uso de este término puede verse también como parte de la imaginería de exilio de que habla Ilie, porque tiene la connotación simbólica de una vida en íntimo desarraigo, separada por el ruido y la confusión —el estruendo—, de sus más íntimas esencias. Esta repetición de una misma palabra aplicada a distintas situaciones denota un rechazo al medio que le enajena y confunde, y que le impide escuchar la voz de su propia autenticidad: "el ruido siempre se ha impuesto en mi vida desde la infancia; todo lo que he escrito en mi vida lo he hecho contra el ruido de los demás" (203). Con la palabra estruendo está representando también la falta de privacidad, primero, en medio de una familia numerosa, y después, en un país que le vigila y le oprime. Estruendo, en fin, es todo lo que le separa de sí mismo y de los demás.

La "violencia", a la que dedica uno de los capítulos, es otra palabra recurrente en su obra: "un mundo conminado por una incesante violencia (...) la violencia se extendía por todo aquel mundo en que yo me crié" (41). El sexo es muchas veces una forma de violencia que está presente en el abandono que sufren todas las mujeres de su familia: " los maridos se las llevaban y, al igual que a mi madre, a los pocos meses las abandonaban" (20). También se evidencia la violencia en los actos sexuales con los animales: "las gallinas, las chivas, las puercas. Cuando crecí un poco más, las yeguas; templarse una yegua era generalmente un acto colectivo" (28).

Por último señala que la historia política de Cuba "es la historia del suicidio incesante" (67). Lo cual equivale a decir que es la historia de la extrema violencia, que empuja al ser humano a las dos más terribles violencias. Una es el exilio: una forma de violencia, un desgarramiento, porque separa al ser humano de sus más arraigadas querencias y de la sociedad a la cual pertenece. Desde hace dos siglos la historia de Cuba es la historia de un prolongado exilio, en el cual se han tenido que refugiar la mayoría de los intelectuales cubanos. No es una condición que se escoge voluntariamente. Detrás de cada exiliado hay una fuerza que le obliga a huir, una violencia explícita o enmascarada. En esta historia de exilios del pueblo cubano, Reinaldo Arenas reúne todos los extrañamientos, todos los destierros posibles. Otros escritores cubanos también han padecido sus exilios. Virgilio Piñera y José Lezama Lima, mentores de Arenas, también padecieron la marginación y el ostracismo: "Los dos, naturalmente, fueron condenados al ostracismo y vivieron en plena censura y en una suerte de exilio interior" (110). Pero no padecieron el exilio territorial, ni la bastardía y marginación familiar, ni la cárcel. Arenas es el caso extremo en la cadena de exilios que componen la historia y literatura cubanas. La otra forma de violencia es el suicidio, la peor, porque se perpetúa contra el instinto básico de conservación, contra uno mismo. Su madre "pensaba suicidarse, y yo le frustré el plan" (19). Un tío abuelo "termina ahorcándose con un bejuco" (38). De niño ve un feto abandonado en la arboleda, "un primo con el cual ya yo no iba a poder jugar" (23). El suicidio y el exilio son también las formas de violencia y protesta por las que Arenas se ve obligado a optar. En esa violencia perviven la muerte y el suicidio.

Otra constante del exilio interior que denota esta obra es el miedo. El personaje-autor vive escoltado por el miedo. El primero de todos los miedos es el saberse alienado del mundo que le rodea en "aquella soledad tan profunda que sentía en medio del ruido" (23). Otro temor que padece durante su niñez es el miedo a lo desconocido: "Yo siempre sentía miedo... a aquellos fantasmas que a cada rato se me aparecían" (24). Desde niño también siente la culpabilidad y el miedo que le produce su homosexualidad: "(...) me sentía absolutamente culpable (...) sentía un enorme miedo" (29). Este sentimiento persiste en él como una forma de represión hasta su primera juventud: "(...) sentía mucho miedo de que fuera descubierta mi condición homosexual en La Habana" (92). Más adelante aclara que por aquella época aunque ya había tenido su primera relación homosexual "no quería hacer vida pública homosexual, pues aún pensaba que tal vez yo podía regenerarme" (93). Su homosexualidad le impone un autoentendido código social de represión porque como dice Foucault, "modern Puritanism imposed its triple edict of taboo, nonexistence and silence."[18] Hasta su salida de Cuba su sexualidad puede verse como un componente más del exilio interior. Padece el temor a ser reprimido y encarcelado, como lo fue, y el miedo continuo que produce vivir en "sistemas políticos siniestros (donde) no son muchos los que pueden escapar a esa maldad delirante y envolvente de la cual, si uno se excluye, perece" (108). El miedo es un sentimiento típico del individuo que vive dentro de esos sistemas políticos que denuncia Arenas, por lo cual es una característica de las personas

---

[18] Michael Foucault, *Language, Counter-Memory, Practice*, ed. Donald F. Boucgard (New York: Cornell University Press, 1977) 5.

que viven en exilio interior, y que Arenas padeció en todas las connotaciones de su condición de exiliado.

La desesperación es una de las características de la primera etapa del exilio que observa el poeta polaco Czeslaw Milosz: "The writer no longer exists as a person whose virtues and faults were known to his friends. Nobody knows who he is."[19] Sin embargo, en Arenas esta característica también se da desde el exilio interior donde perdió el contacto con sus lectores y dejó de existir como autor — ya que en Cuba solamente le publicaron una novela y después borraron su nombre de las listas de escritores. La desesperación, como ya se señaló, es una constante a través de toda su obra. En él no puede verse sólo como la típica característica de la primera etapa de un exiliado, como plantea Milosz, sino como un hilo continuo que parte de su enajenación y del exilio interior. Naturalmente, como ser humano siente no tener lazos con su pasado, que nadie le conozca, y que no sea leído en su país, y lamenta que la experiencia padecida le impida acercarse a personas que no cree que la puedan entender: "Es difícil tener comunicación en este país o en cualquier otro cuando se viene del futuro" (330). Sin embargo, como escritor, es en el exilio, en definitiva, donde tiene un público lector, puede publicar toda su obra, exponer abiertamente su homosexualidad y arriesgarse a transgredir los "coded types of discourse" (5) de que habla Foucault y permitir que el mundo homosexual irrumpa libremente en su obra.

Además de la alienación de su familia y del medio social que padece el autor, en esta obra el exilio interior de su vida en Cuba está dado en dos aspectos constantes: el del marginado y el del preso, porque como señala Ilie: "Las distintas modalidades de exilio —alienación, prisión y emigración— son idénticas por lo menos en algunos aspectos" (240). En la obra de Arenas se muestra una sociedad con mentalidad de prisión, lo cual equivale a decir que es una sociedad que vive en exilio interior. Desde este prisma se puede hallar la identidad de los cubanos en

---

[19] Czeslaw Milosz, "Notes on Exile," *Books Abroad* 50 (1976): 282.

un exilio común: de unos respecto a otros, producto de una sociedad represiva; de la cárcel oficial respecto a la isla toda entendida como prisión; del exilio territorial respecto al exilio interior; de la marginación y el miedo a la máscara que autoencubre el pensamiento y enajena al ser humano. Un análisis del exilio cubano ha de llevar necesariamente a las connotaciones del exilio interior que padecen los que quedaron en la isla y sufren la marginación, el temor, la autorrepresión en una mentalidad que "se une a su infraestructura emocional para acentuar una conciencia esquizofrénica que percibe el autoritarismo (...) y permanece inconsciente ante su injusticia social" (Ilie, 246).

La cárcel que padeció Arenas se muestra como un microcosmos de la sociedad cubana: una sociedad prisionera que lo único que desea es escapar. Los espacios de exilio están presentes en la conciencia del prisionero, tanto del que está en la cárcel como del pueblo cubano, cuyo afán es escapar del círculo. La cárcel recrudece el ansia de escapar, por lo tanto recrudece el deseo de pasar al exilio territorial, de huir de ese centro que le asfixia: "Nunca me recuperé de la experiencia de la cárcel (...) Vivía lleno de terror con la esperanza de poder escaparme de aquel país algún día" (295). La diferencia es que la limitada acción de movimientos se limita aún más en la cárcel y que el terror es mayor porque está a merced de los guardias: "el oficial le entró a culatazos con su fusil y lo tiró en el suelo; allí lo pateó mientras le pegaba con el rifle en la cabeza" (236). Otros aspectos como el hambre, que también se padece en la calle, se acentúan en la cárcel: "En aquella celda el hambre era enorme (...) una vez me robé uno de aquellos panes y lo mordí con tanta fuerza que me partí los dos dientes postizos (...) Ahora sin dientes mi fama se volvió aún peor (...) era la Ternera Desdentada" (238). En Arenas, como ya ha analizado Roberto Valero,[20] el humor nunca está

---

[20] Roberto Valero investigó la función del humor en la obra areniana en su libro *El desamparado humor de Reinaldo Arenas* (Miami: Iberian Institute, University of Miami Press, 1991).

ausente, con una pincelada de humor, a veces cínico, alivia la carga trágica de la situación. La imaginería de exilio en las descripciones de la prisión se vuelve más sórdida: "Nos entreteníamos con las ratas, que durante la noche se acumulaban cerca de las rejas" (239). Las ratas son en su obra una realidad que vivió y también un símbolo. Ratas son todos los que le traicionan, rata se siente también él cuando se traiciona a sí mismo en la confesión obligada. Es como si estuviera comparando el mundo de la cárcel, y por extensión el de Cuba, con el mundo de aquellas ratas que "reñían a mordiscos." Las galeras en que se hacinaban hombres y ratas eran sitios "con poca ventilación" donde el ambiente "era de delación (...) Delataban a los otros sin ningún escrúpulo con tal de obtener algún privilegio" (233). Estas galeras pueden verse también como un microcosmos de un país donde la delación y la traición son inducidas y manejadas por el mismo gobierno. Incluso las descripciones de los pocos entretenimientos de los presos llevan la huella de esta dignidad humana ultrajada: "De vez en cuando nos proyectaban películas soviéticas. La celda donde hacían las proyecciones era un sitio sórdido (...) uno tenía que sentarse sobre los orines de los demás presidiarios. Nunca sentí una soledad más grande que en aquellos momentos" (240).

Antes que anochezca es el testimonio de una soledad infinita, la vida de un ser humano que no conoció la paz ni el reposo. La autobiografía de Arenas abarca mucho más que el campo personal de su historia circunstancial: se abre al análisis del ser humano universal marcado por el exilio y el desamparo, por la marginación y el caos en un mundo donde la persona pierde su valor y su dignidad de ser una criatura valiosa y única. Esta obra, que cierra el ciclo de vida creativa y física del autor, es indispensable al analizar toda su producción desde la perspectiva del exilio. En ella están todos los exilios que Arenas padeció y que se iniciaron desde el momento de su nacimiento. Este ser marginado, este yo fragmentado, este escritor desgarrado va mostrando sus pedazos a lo largo de más de trescientas páginas que son un testimonio fiel del exilio en todas sus manifestaciones posibles. Una condición que configura toda la producción literaria de Reinaldo Arenas.

Capítulo III
El círculo infernal del exilio
Muerte y homosexualidad de un ser en diáspora

Reinaldo Arenas se acerca a la novela como una liberación y una catarsis, como una forma de conocimiento de su propia historia y la de su pueblo. En toda su obra ambas historias, la personal y la colectiva, aparecen como una penuria constante. Pero es su novelística la que conforma el círculo realmente agobiante, infernal, de todos sus exilios. Los títulos de sus primeras novelas inéditas hablan por sí solos: *Adiós, mundo cruel* y *¡Qué dura es la vida!*[1] Desde niño, el escritor cubano buscaba alivio a sus espantos internos y externos en la página en blanco que en más de una ocasión ha citado como lo único verdadero de su vida.[2] Sin duda, por los títulos de estos materiales desconocidos, la escritura era ya desde sus comienzos, una forma de evasión, y también el único modo auténtico de manifestarse. Y lo hizo, según ha señalado Foucault, concibiendo el lenguaje como una necesidad: "un lenguaje que no tiene otra ley que afirmar (...) el simple acto de escribir (...), cauta disposición de la palabra sobre la blancura de un papel (...) donde no hay otra cosa que decir que no sea ella misma, no hay otra cosa que hacer que centellear en el fulgor de su ser."[3]

---

[1] Estas novelas las escribió, según testimonio del autor, a los 10 años. Ver la entrevista que Cristina Guzmán le hizo en Cuba a Arenas en el apéndice de *La Vieja Rosa* (Caracas: Arte Popular, 1984).

[2] En los capítulos anteriores aparecen citas del autor que confirman esta idea.

[3] Las citas de *Las palabras y las cosas* de Michael Foucault son tomadas de la edición de

La cita del escritor francés coincide con el pensamiento o máien con lo que fue escribir para Arenas: una actividad transformadora y creadora. Ambos ven el lenguaje y la escritura como un acto irrecusable, ambos aman esa "transparencia de las palabras" *(Las palabras y las cosas*, 302), que para Arenas es magia que tiene el poder de elevar al ser humano por encima de sus propias miserias y las de su tiempo: "Mientras el poeta leía, un manto mágico, una suerte de encantamiento, un hechizo único cayó sobre todas aquellas figuras aterrorizadas y grotescas"[4]. Una sencilla palabra con su ritmo o sus múltiples significados puede llevar a este escritor a otra dimensión de éxtasis o de felicidad, donde vibra con todas sus alusiones de vida, un momento detenido en el tiempo, un deseo, un sueño: "la bigornia (...) qué palabra, qué palabra. Y la palabra lo transportó a la infancia y ya aferrado a aquella palabra, la Tétrica Mofeta volvió a ser un niño campesino en su elemento" *(El color*, 104). La palabra lo puede llevar hacia la luz, como dice Foucault, al "momento en que el lenguaje como palabra esparcida se convierte en objeto de conocimiento" *(Las palabras y las cosas*, 294). Para Arenas el lenguaje, según comenta en la entrevista con Cristina Guzmán, "es lo más bello que hay, y dentro de él se pueden construir miles de cosas, pero sin olvidar que la palabra no es más que un símbolo, que es un objeto que uno debe utilizar para decir algo" *(La Vieja Rosa*, 109). Y la utiliza como "tabla de salvación o de esperanza" para contar "la intransigencia del hombre creador, poeta rebelde —ante todos los postulados represivos que intentan fulminarlos" *(El color*, 250). Para Arenas también es la palabra, la escritura, lo que da significado a su vida. Ya casi al borde de la muerte reconoce que el acto de escribir "le ha dado un sentido fundamental a mi vida que ya termina" *(El color*, 250). Incluso reconoce que "para que mi vida cobrase sentido yo tenía que escribir *El color del*

México: Siglo Veintiuno Editores, 1977) 294.

[4] Las citas son tomadas de la edición de *El color del verano* (Miami: Ediciones Universal, 1991) 128.

verano" (246). Para él la vida sin poder escribir carece de objetivo, por eso dice en su carta de despedida que pone fin a su vida "debido al estado precario de mi salud y la terrible depresión sentimental que siento al no poder seguir escribiendo."[5]

Como ya se ha observado, toda la obra de Reinaldo Arenas está basada también en la muerte, no sólo en la de sus personajes, sino en la idea de la muerte como la verdad más poderosa, una visión en la que vida y muerte se confunden y llegan a ser una sola. De tal manera que en sus novelas los personajes viven desde la muerte y desde ella reescriben o reinventan su vida. No es de extrañar que en toda su obra se perciba una voluntad suicida, porque para este escritor, "lo único que reivindica al hombre es el suicidio, de ahí que toda gran obra sea una aspiración suicida" (*El color,* 184). Los personajes de sus novelas o se suicidan o se autodestruyen. En *Celestino antes del alba* el personaje central es un niño que intentó suicidarse y que cuenta la novela desde la muerte, por eso hay una constante referencia a la muerte: "y cruces y cruces y muerte y muerte"(*Celestino,* 17).[6] El personaje de *El palacio de las blanquísimas mofetas* regresa a buscar un fusil a sabiendas de que va hacia la muerte. Ambas novelas muestran una cercanía con *Pedro Páramo* la novela del mexicano Juan Rulfo. El mismo Arenas reconoció en entrevista con Jesús Barquet que "Rulfo es también campesino como yo. Nosotros vivimos con los muertos. Ellos forman parte de nuestra vida como la muerte (...) por eso cuando leí a Rulfo me sentí tan identificado con él."[7] Muchos

---

[5] Las citas corresponden a la edición de *El asalto* (Miami: Ediciones Universal, 1991) 152.

[6] Las citas de *Celestino antes del alba* son tomadas de la edición de La Habana, 1967. Aunque esta novela después se reeditó con el título de *Cantando en el pozo* (Barcelona: Argos Vergara, 1982), la citaré siempre por el título original.

[7] Consultar la entrevista de Jesús Barquet a Reinaldo Arenas,"Del Gato Félix al sentimiento trágico de la vida," Ette 65-74 . También en el *Desamparado humor de Reinaldo Arenas*, Roberto Valero comenta la influencia de Rulfo en Arenas.

de los personajes de Arenas, como los de Rulfo, hablan desde la muerte,[8] y expresan con fuerza, al igual que en la novela de Rulfo, el sentimiento de orfandad por la ausencia del padre. En *Otra vez el mar*, la tercera de la pentagonía, el protagonista se suicida y, como en las anteriores, narra la novela desde la muerte. Esta constancia de utilizar un narrador que habla desde la muerte se debe quizá a que como ha señalado Stoeckl, "only a dead narrator re-speaking himself as a living narrator could work to a climax in which language itself in its embrace of death defies the State."[9] En *El color del verano* todo el pueblo se suicida al arrancar la isla de su plataforma insular, y hundirla después en su incapacidad de llegar a un acuerdo: "Es una isla que se desgarra por dentro y confía en la explosión final" (164). En *El asalto* la muerte y la destrucción es total. La vida ya no vale nada porque los seres humanos han sido reducidos a la nada, a una condición animal de supervivencia y obediencia donde los únicos sentimientos son el odio y el miedo. No basta con la muerte, el condenado tiene que degradarse: "que se le aplique a la alimaña la pena maximular por aniquilamiento total con todas las retractaciones (...) dicha pena se le aplicará también a todos sus familiares, conocidos, casi conocidos, mencionados, evocados, etc." (62). El autor corrobora aún más esa visión suya del poder superior de la muerte cuando dice que "la eternidad sólo pertenece a quien desprecia la vida" (*El color*, 184).

Esta tensión vida-muerte, en su aspecto de afirmación-negación, también lo acerca a la obra de otro escritor francés, George Bataille, quien declara: "(...) destruction leaves the essential intact. I can, nevertheless, tie negation so closely to affirmation that my pen effaces as it advances" (Stoeckl, *28*). La negación trae

---

[8] En la novela de Rulfo todos los personajes están muertos. En *Celestino antes del alba* también hablan personajes muertos y hay un coro de primos muertos.

[9] Consultar el libro de Allan Stoeckl, *Politics, Writings, Mutilations. The Cases of Bataille, Blanchot, Roussel, Leiris and Borges* (Minneapolis: University of Minnesota Press, 1985) 26.

como resultado su afirmación y viceversa. Alienta la obra de Arenas un desgarrador impulso de muerte, porque "sólo existe una fuerza, la de la desesperación" (*El color*, 183), que es en definitiva, paradójicamente, quizás el único soplo de vida que engendra en el proceso de la escritura. Es también el desgarramiento de su condición de exiliado, lo que le hace ver cualquier posible situación desde el ángulo del terror, de la represión y de la traición. Cada acción o sentimiento extremo, en la obra areniana, lleva dentro de sí su contrario, y se caracteriza en su angustiosa ambigüedad moral y su complejidad estructural. Para Arenas, que se rebela contra todo lo que aprisione al ser humano, "el hombre moderno no es ni siquiera fiel a una sola infamia; necesita colaborar con varias para traicionarlas a todas" (*El color*, 183). Al igual que ha señalado Stoeckl al analizar la obra de Bataille, los textos del novelista cubano manifiestan que "betrayal (like eroticism or death) has nothing to do with (...) the rational society" (Stoeckl, 94). La escritura en Arenas es su venganza a todo el horror que le tocó padecer, el horror de las dictaduras y las opresiones y su propio e íntimo horror de ser humano en fuga. Así afirma, a través de Virgilio Piñera, como personaje en *El color del verano*, que "toda escritura es una venganza" (129), porque la única venganza contra tantos terrores es contarlos.

    La visión de Arenas, como un ser en permanente diáspora, se refleja de manera evidente en su lenguaje. La palabra *dispersión* aparece constantemente en su producción literaria: "cómo poder seguir viviendo... con la vida partida en dos o en mil pedazos... nunca podré juntarme conmigo mismo" (*El color*, 289). Reinaldo Arenas es un hombre disperso, es un hombre de conciencia enajenada y también lo son sus personajes. La misma repetición de la palabra *dispersión* no es más que una manifestación de su íntima condición de vivir en un continuo exilio, de ese reguero que es la condición de su vida toda, y desde el cual hay que buscar el hilo hacia sus exilios posteriores. Esa rabia sorda de ser dividido, roto, le hace gritarle a su madre: "Tú tienes tu escoba, yo no tengo más que la desesperación.

¡Entiéndeme! ¡Acéptame como soy" (*El color*, 101). De ese sentimiento desesperado surge la enorme rebeldía que le lleva a buscar la libertad absoluta como única meta decorosa del ser humano, y a luchar por la autenticidad de ese ser humano, íntegro y solo, porque "la única manera de ser libres es estar solo; pero eso no basta, hay que ser solo" (*El color*, 182). No obstante, esa soledad unificadora, aunque la anhele, el autor no la encuentra, porque lo cerca de forma agobiante, por todas partes, por dentro y por fuera, la *dispersión*. En *El color del verano* abunda esta palabra especialmente cuando el autor-narrador se confiesa un ser dividido en tres o cuatro entidades que nunca alcanzan su unidad, salvo por los momentos de éxtasis o de realización en el acto de escribir o en la lectura, en esos breves instantes únicos, "extraordinarios cuando la Tétrica Mofeta, Gabriel y Reinaldo no tenía un libro en sus manos, sino todos los libros del mundo, y por tanto todos los misterios posibles e imposibles" (*El color*, 234). Es una vez más la palabra la gran creadora que le permite unir sus fragmentos en una sola entidad. Ante el acto liberador de la escritura o de la lectura logran unirse sus personajes interiores, y así puede afirmar que "todos formamos una sola persona dispersa" (*El color*, 345). La gran desolación que le hace decir al autor-personaje que nunca podrá juntarse consigo mismo, desaparece cuando, bajo el influjo mágico de la escritura, su vacío interno se llena y puede sentirse un ser humano a toda plenitud: "una sensación de plenitud total envolvía a la Tétrica Mofeta, a Gabriel y a Reinaldo, fundiéndoles en un solo ser" (*El color*, 234).

Este concepto de la dispersión se complementa con los verbos *explotar* y *reventar* que contienen el mismo significado, ya que todo lo que explota se riega, se dispersa en mil pedazos, se fragmenta, se derrama: "Estallar es la recompensa que el buen Dios depara a los hijos (...) cuerpos inflados, soltando chorros de sangre" (*El color*, 77). También aparecen estas palabras en sus obras primeras: "Los sembrados y los árboles más antiguos *estallaban* al viento tras un crepitar de ratones, de hojas y de pájaros (...) la mata de tamarindo se contrajo recorrida por un *estallido* luminoso" (*La Vieja Rosa*, 97-99, los subrayados son míos). La misma explosión de llanto en esta noveleta no es más que una catarsis o comprensión de la vida de la protagonista ante el momento final: "Empezó a llorar en tal forma que el llanto parecía no haber empezado nunca, sino estar allí desde siempre... produciendo ese ruido como de crujidos igual al de la casa en el momento en que las llamas hicieron tambalear los troncos más fuertes." (97) La Vieja Rosa *estalla* en llanto ante el último *estallido* de su vida y al consumirle el fuego se *dispersa* su cuerpo hecho cenizas. El lenguaje de la alienación, del exilio y de la violencia es parte manifiesta en el vocabulario areniano desde sus inicios como escritor.

La idea de dispersión interna se refleja también en las relaciones sexuales. La eyaculación es para el autor regarse dentro de alguien: "(....) yo siento el triunfo (...) de desparramarme en su interior" (*El asalto*, 140). Con lo cual parece indicar que el amor homosexual se riega, pero no crea otra unidad, está condenado a dispersar su semen sin que se convierta en semilla, se riega en el placer del acto, pero su semen no se arraiga, se dispersa en otros cuerpos, sin encontrar nido. Por eso reconoce en esa íntima dispersión que "el homosexual es un ser aéreo, desasido, sin sitio fijo o propio que anhela de alguna manera retornar a no se sabe exactamente qué lugar (...) somos los expulsados del paraíso. Y el paraíso además ha sido abolido" (*El color*, 390-91). En esa frase reconoce el carácter de exilio irrevocable con que lo ha marcado su homosexualidad, para ser alguien siempre "a la expectativa, al garete con la ilusión pajaril de un retorno casi imposible" (*El color*, 391).[10] Como homosexual, Reinaldo Arenas vive en un exilio interior tan cierto como el político a que lo condena la represión, porque su conciencia siente el desgarramiento de una íntima contradicción con su sexo. Incluso ese mencionado escribir por y para la muerte se deriva en parte de la condición

---

[10] En Cuba se les llama pájaros a los homosexuales. Una palabra que al mismo tiempo lleva al concepto del desarraigo, de algo que está en el aire, como dice Arenas.

homosexual del autor, la cual marca con un sentido efímero todas sus relaciones, y así lo afirma en su autobiografía: "el mundo homosexual no es monogámico, casi por naturaleza, por instinto se tiende a la dispersión, a los amores múltiples, a la promiscuidad muchas veces" (*Antes que anochezca*, 90). Porque, en el caso de Arenas, no hay, en la relación homosexual, una pareja con quien quizá se pueda compartir toda la vida hasta la vejez, sino que lo que prima en él, por la enorme importancia que le da a la relación física y al cuerpo, es un gran temor a envejecer: "Volvió a ser una loca aún más desesperada... porque ahora era más viejo y el tiempo para poder conquistar algún cuerpo se hacía cada vez más corto" (*El color*, 103).

Su condición de marginado social y la íntima escisión de su ser, explican la estructura de su obra, que tiene que ser circular, porque Arenas y sus personajes viven buscando su centro. Son como cuerdas buscando juntarse con su principio en un círculo constante.[11] Esta estructura circular de su obra se puede relacionar, de alguna manera, con el círculo de su vida condenada por la opresión, la enfermedad, la desgracia, la muerte y por el círculo de una situación existencial caracterizada por el exilio perenne. A la vez, la unidad estructural de toda su obra muestra la intención del autor de lograr un conjunto totalizador enmarcado por un gran círculo, en que las coordenadas de todas sus novelas tocan ambos vértices de la circunferencia y comienzan para terminar en el mismo punto del que partieron. A la obra del escritor cubano podría muy bien aplicársele la siguiente observación de Foucault: "por doquier existe un mismo juego, el del signo y lo similar y por ello la naturaleza y el verbo pueden entrecruzarse infinitamente, formando, para quien sabe leer, un gran texto único" (*Las palabras y las cosas*, 42). En realidad ese texto único es lo que trata de lograr Arenas en toda su obra: "Ya saben que

---

[11] Es por eso que utiliza la estructura de la novela picaresca, la novela circular en que un marginado es testigo y narrador de su vida, y cuyo prólogo remite a un final que a su vez se cierra con el principio.

todo lo poco que he hecho es una sola obra totalizadora (...) mis libros conforman una sola y vasta unidad" (*El color*, 344-45).

Para este autor, es la intemperie lo que da la tónica de la literatura y el arte antillanos: "es una literatura desgarrada, abierta a (...) la intemperie donde los personajes entran y salen libremente" (*La Vieja Rosa*, 113). El sentirse marginado de la acogida, del calor familiar, pero especialmente de sí mismo, le hace concebir sus personajes y su mundo de ficción como una vasta intemperie que cerca al ser humano por todos los lados. Toda intemperie, como todo exilio, se resume en el ansia de llegar o de hallar el hogar que nos resguarde de la desprotección, sea ésta cual sea: la primera de sentirse apartado de las cálidas aguas del refugio materno o la última de la muerte que aparta al ser humano de todos sus exilios conocidos hacia uno nuevo y desconocido, o según Arenas, a la nada, donde "no tendré siquiera el consuelo del infierno" (*El color*, 345). Otro aspecto de la intemperie en la que íntimamente viven el autor y sus personajes se puede observar en las relaciones homosexuales, en las cuales, por más desesperadamente que la busquen no hallan una plena satisfacción. Corren tras un cuerpo para disfrutar de un instante de placer con hombres que "se esfumaban incesantemente (...) por un momento furtivo y casi siempre inalcanzable de placer" (*El color*, 110-11). Arenas es un hombre atenazado por la intemperie y la desolación interior de no encontrar satisfacción con su propio yo ni con la parte más íntima de su ser. Así lo afirma al decir que "lo único que nunca nos abandona es la insatisfacción" (*El color*, 184). También para el homosexual la intemperie es la única morada posible, como manifiesta desgarradoramente Arenas: "somos pájaros porque estamos siempre en el aire, en un aire que tampoco es nuestro porque nuestro no es nada" (*El color*, *390*). Sobre todo en esta novela, *El color del verano*, la intemperie es total cuando en la última página el cubano como pueblo llega al exilio final y total al hundirse la isla en el mar definitivamente. Ya no hay tierra a la que regresar, ni siquiera una posible añoranza del retorno. De ahí en adelante la intemperie, simbolizada en el mar abierto y desolado del que no brota ya la alargada configuración de su isla, se convierte en la imagen de la huida sin meta y sin regreso. Con este final cerrado ha terminado la historia de un país cuyos hijos lo llevaron a su destrucción total. Con *El asalto* completará el desarrollo y la destrucción interior del personaje de la pentagonía. Ambas novelas pueden verse así como los dos posibles finales de una misma historia.

Reescritura, posmodernidad y transgresión en *El color del verano*

Al igual que su autobiografía, *El color del verano* de 1991 es también una obra al borde de la muerte, y como *Antes que anochezca*, Reinaldo Arenas también había comenzado esta novela años atrás, en Cuba: "(...) desde hace muchos años, estando en Cuba, concebí parte de la novela. Allá incluso escribí algunos capítulos" (*El color del verano*, 246). En general, la obra areniana no se puede encerrar dentro de un orden cronológico de publicación, tanto la autobiografía como ésta y otras novelas corresponden a una misma etapa; se inician en Cuba y se interrumpen en diversas oportunidades y se terminan poco antes de la muerte del autor. Ambas están estrechamente unidas, a tal punto que en la novela es ficción todo lo que en su autobiografía es realidad. El autor novela su propia vida con pasajes exactos de la autobiografía.

En *El color del verano* (como en *El asalto*), se halla ese sentido posmoderno de búsqueda del que habla Jean-François Lyotard, para quien:

> The postmodern would be (that which) denies itself the solace of good forms, the consensus of a taste which would make it possible to share collectively the nostalgia for the unattainable; that which searches for new presentations, not in order to enjoy them but in order to impart a stronger sense of the un-presentable. A postmodern artist or writer is in the position of a philosopher: the text he writes, the work he produces are not in principle governed by pre-established rules, and they cannot be judged according to a determining judgment, by applying familiar categories to the text or to the work. Those rules and categories are what the work of art itself

is looking for..."[12]

El color del verano no sigue ninguna ley o forma tradicional de escritura; es una obra indescifrable, difícil de enmarcar dentro de un género y dentro de una estructura conocida, porque la novela ha creado su propia estructura necesaria. El mismo autor ha dicho que es una novela circular cuya trama empieza en el carnaval y de ahí parten todos sus vértices: "No se trata de una obra lineal sino circular, y por lo mismo ciclónica, con un vértice o centro que es el carnaval, hacia donde parten todas las flechas (...) la obra en realidad no termina ni empieza en un punto específico (...) está usted ante la primera novela redonda hasta ahora conocida." (249)

Se inicia con una breve obra de teatro en prosa y en verso. Está compuesta por cartas, cuentos, diálogos, dedicatorias burlonas a la manera de trabalenguas o adivinanzas, quizá tomadas de la tradición oral campesina, que ensartan los 113 capítulos, algunos de los cuales son recurrentes como el de "La Historia" que se repite cinco veces y el de las cartas. Se mantiene el tono picaresco que prevalece en la autobiografía ya que esta novela, según palabras del propio autor, "pretende reflejar (...) la vida entre picaresca y desgarrada de gran parte de la juventud cubana" (247). El prólogo está en el centro de la novela. Desde el punto de vista de los géneros se podría discutir si cabe la posibilidad de considerar *Antes que anochezca* como una novela y *El color del verano* como una autobiografía. Es difícil precisar dónde comienza una y termina la otra. *El color* es una novela porque ficcionaliza los hechos, pero podría decirse que los mismos hechos de la autobiografía están ficcionalizados a través de la escritura.

Si bien la obra total de Arenas cabe dentro de la definición de la posmodernidad, *El color del verano* puede considerarse como la más posmoderna de todas sus novelas. En ella hay un rompimiento cabal desde el punto de vista

---

[12] Jean-Francois Lyotard, *The Postmodern Condition. A Report on Knowledge* (Minneapolis: University of Minnesota Press, 1984) 149.

formal con los géneros y con la estructura. Desde un aspecto social, por otra parte, hay una irónica ruptura de las convenciones y tradiciones históricas y morales de la vida de su pueblo, porque, como observa Franco Crespi, la posmodernidad "lleva consigo la renuncia a cualquier tentación de formular un proyecto total de transformación de la realidad social."[13] Concepto que confirma la imagen apocalíptica de una isla hundiéndose en el mar precisamente porque sus ciudadanos son incapaces de ponerse de acuerdo en elegir un proyecto de gobierno: "se hundió en el mar entre un fragor de gritos de protesta, de insultos, de maldiciones, de glugluteos y de ahogados susurros" (442). Es un final cerrado que no deja ninguna esperanza de transformación para una sociedad "donde no cesaba nunca el guirigay, el brete, la intriga, la mala intención y las ambiciones descomunales" (442). Es un final apocalíptico que como anticipa Sánchez Vázquez sobre la posmodernidad, "cierra la puerta del futuro."[14]

Como dijo el mismo autor, *El color del verano* es una novela con la que se quiere "vengar de casi todo el mundo," y lo hace como señala Béjar, "con el fervor rebelde de una palabra nómada y contradictoria que blasfema y rutura la autoridad de todo discurso."[15] Esta novela de Reinaldo Arenas se convierte más que en una terrible parodia, en pastiche,[16] en el que se reflejan dos aspectos marcados: 1. Ese "Postmodern love-affair with the fragment" de que habla

---

[13] Consultar el artículo de Franco Crespi: "Ausencia de fundamento y proyecto social," G . Vattimo y P. A. Rovatti. eds. *El pensamiento débil* (Madrid: Cátedra, 1992).

[14] Adolfo Sánchez Vázquez "Radiografía del posmodernismo," *Nuevos Textos Críticos* 6. 3 (1990): 343.

[15] Béjar 47.

[16] Para Frederic Jameson, "Postmodernism and Consumer Society" *Modernism/ Postmodernism*, ed. Peter Brooker (New York: Longman, 1992) 166. "Pastiche is blank irony, parody that has lost its sense of humor" y con ese mismo sentido se observa en la novela de Arenas.

Kermode,[17] que consiste en una fragmentación que anula todo concepto de género. 2. El empleo reiterado de la reescritura. En este caso más específicamente la novela es una reescritura de su autobiografía; lo cual equivale a decir una triple escritura: vida-autobiografía-novela. En *El color del verano* hay capítulos completos reescritos sobre otros de *Antes que anochezca* contados de una manera parecida con la exageración, poesía, humor negro o sarcasmo que caracterizan el estilo de Arenas. Por ejemplo, "el caso Padilla" (*Antes,*. 162-67) está completamente carnavalizado en la novela en "La Confesión de H. Puntilla" (329-33). Aquí, Padilla, quien en la autobiografía es un "chivo expiatorio" y su confesión un "espectáculo bochornoso" preparado por el gobierno, es llevado en una cruel parodia a un grado de abyección exagerado en que el poeta "le pidió al Máximo Líder que lo escupiera y lo pateara (...) que lo orinase (...) que le metiera todo su pie con bota incluida en el culo" (331-32). Con rasgos brutalmente grotescos el autor carnavaliza todo el episodio que anula la historia contada en la autobiografía, y parodia en un pastiche cruel la realidad. Por eso el capítulo "Castillo del Morro" (*El color*, 320-26) es una burla de su propia encarcelación y de sus sentimientos que aparecen en el capítulo "En Prisión" de su autobiografía (*Antes*, 203-225). En ésta dice que durante su estancia en la prisión "no tuve relaciones sexuales porque el amor es algo libre y la prisión algo monstruoso, donde el amor se convierte en algo bestial" (212). Esta explicación de su castidad mientras estuvo detenido se resume en la novela con la vulgaridad de la frase: "Un tapón en el culo me puse" (*El color*, 321). Igualmente, la "Carta de despedida" de la autobiografía (341) equivale a "Una carta" (344-45) en *El color del verano*. Este capítulo aclara los conceptos sobre su obra. La carta que corresponde a la autobiografía es para sus lectores, para Cuba; ésta para el propio autor. Con ella se despide de sus dobles y se despide de sí mismo "a través de la ausencia," y afirma que sus personajes integran un solo espíritu "burlón y desesperado." En distintos

---

[17] Frank Kermode, *History and Value* (Oxford: Clarendon Press, 1989) 129.

capítulos de *El color del verano* aparece la historia de su vida en La Habana Vieja contada en la autobiografía en "Hotel Monserrate" (263-292). En "Conferencia de Lezama" (*El color*, 274-286) se reescribe el de "Lezama Lima" de la autobiografía (109-113) y en esta novela el autor se complace, con tintes sádicos, en destruir todo lo respetado por el católico Lezama. Reescribe la conferencia de Lezama, que en realidad fue sobre la "ratificación de la labor creadora, del amor a la palabra" (*Antes,* 113), aniquilando con imágenes eróticas y despiadadamente irreverentes la imaginería cristiana. Sin exageración se puede afirmar que la mayor parte de las 442 páginas de esta novela surgen de la autobiografía. *El Color del verano* es una escritura de la reescritura, montaje, pastiche, parodia con que echa abajo toda la tradición. Ya Andrea Pagni en su artículo "Palabra y subversión en *El mundo alucinante"* ha señalado "la perspectiva posmoderna en la dimensión paródica de la obra areniana, "donde alguien que es objeto de la marginación, toma la palabra, se apropia de la palabra autoritaria, desviándola paródicamente."[18] Esta novela refleja el intento de destrucción que caracteriza el pensamiento posmoderno y donde la fragmentación típica de la carnavalización "comparte los aspectos lúdicos y subversivos de la posmodernidad."[19]

Otra característica de la escritura posmoderna en Arenas se observa en la yuxtaposición de pronombres, con la cual también niega la importancia del narrador o del protagonista, especialmente con los dobles que es una de las constantes de su novelística.[20] "Mi Reinaldo (...) tu Reinaldo (...) yo o tú" (288--90). Al desdoblarse en tres —Gabriel el campesino, Reinaldo el escritor y la Tétrica Mofeta, el homosexual de vida desenfadada— le resta importancia al autor-narrador. Incluso aparece como una cuarta persona o un doble de uno de sus

---

[18] Andrea Pagni, "Palabra y subversión en *El mundo alucinante,*" Ette 147.

[19] Ihab Hassan, *The Postmodern Turn* (Ohio: State University Press, 1987) 171.

[20] Para la función del doble consultar el libro de Perla Rozencvaig, *Reinaldo Arenas: Narrativa de transgresión* (Oaxaca: Editorial Oasis, 1986).

propios dobles en una carta dirigida a Mi Tétrica Mofeta, en la que al final firma como La Tétrica Mofeta. Con la yuxtaposición del posesivo "mi" (perspectiva personalísima del narrador), contra el artículo definido "la" (perspectiva distanciada del lector) se desdobla una vez más dejando la indefinición que confunde, desvirtúa y despersonaliza al autor aun más en los confusos y constantes desdoblamientos.[21] Quizá con estos dobles Arenas no hace más que demostrar la afirmación de Foucault para quien: "A work of language is the body of language crossed by death in order to open this infinite space where doubles reverberate."[22] Y al mismo tiempo agudiza esa nota de dispersión, ya señalada, que le hace vivir angustiosamente sin poder integrarse en una sola identidad. Arenas es un hombre cuyos múltiples desdoblamientos encierran un impulso fundamental: la huida constante de sí mismo, aunque sabe "lo inútil de estas huidas" (*El mundo alucinante*, 84).[23]

Otro de los aspectos de la posmodernidad en Arenas se encuentra, además de en la violencia, en la vulgaridad del lenguaje. Ya Luis Rafael Sánchez ha señalado esa intención de lo soez como discurso de ruptura, "lo soez es el acercamiento crítico que se anima a demoler para desenmascarar y poder conocer".[24] Esto refuerza las características posmodernas de la obra areniana,

---

[21] En estos desdoblamientos otra influencia que debe analizarse es la de Borges, uno de los escritores que Arenas más admiraba.

[22] Foucault, *Language*, 59.

[23] Lourdes Tomás en su libro *Fray Servando alucinado* (Miami: Iberian Institute, University of Miami, 1994), ha relacionado acertadamente las fugas y huidas del personaje de *El mundo alucinante*, con el concepto de libertad en Arenas que ve como "la lucha sin tregua de un hombre por burlar cuanta prisión le imponga la sociedad" (266). Puedo añadir que las huidas también forman parte de la lucha del autor-personaje por escapar de sí mismo, por liberarse de su yo atormentado.

[24] Luis Rafael Sánchez, "Apuntación mínima de lo soez," *Literature and Popular Culture in the Hispanic World*, ed. Rose Minc. (Gaithersburg: 1981) 14.

imponiendo, como señala Alejandro Morales, "una relación agresiva (...) amenazante entre el lector y el texto",[25] lo cual se manifiesta en los insultos continuos, incluso hacia sí mismo, "el rústico cronista" (*El color*, 176). En el prólogo de *El color del verano* advierte al lector con un abrupto: "Niña, saca tus manitas contaminadas y olorosas a pinga de este libro" (246). Esta transgresión del discurso de Arenas es estudiada por Perla Rozencvaig en su libro y Béjar también la señala como esa "índole escandalosa-transgresiva, del (...) mundo areniano, suprimido (...) dentro de la sociedad revolucionaria cubana por sus matices de disensión burguesa, e (...) incompatible dentro de la sociedad burguesa por su alterador y revolucionario ilogismo racional" (41). Porque el arte en Arenas tiene un poder explosivo. Es un escritor que, como Foucault, "regards his writings as bombs directed against reality, who wants them to 'self-destruct after use.'"[26] Esa autodestrucción se ve en toda la obra areniana como una constante, por lo cual la palabra *explosión* abunda en toda la novela y se complementa con la idea de *roer:* "En tanto los roedores, enterados del último crimen de Fifo, roían con más furia la plataforma insular mientras lloraban" (*El color*, 431), para revelar esa intención destructiva del lenguaje y la imaginación, que Perla Rozencvaig ve como "terrorismo lingüístico" (97), y que de algún modo sirve de sustituto a la imposibilidad natural y física del protagonista de destruir por sí mismo todo lo que quisiera aniquilar. Esa ruptura chocante con la tradición del lenguaje, se une a una violenta transgresión de la moral trascendente, no sólo social sino religiosa: "vago solo por la tierra con mi pinga, digo con mi cruz ya sin uso" (67). En su forma más descarnada, el lenguaje trata de destruir toda la tradición y dentro de ella los valores trascendentes tanto familiares como religiosos: "todo joven con

---

[25] Alejandro Morales, "Y se lo tragó la tierra. La tradición oral como estructura de la cultura postmoderna." *Nuevos Textos Críticos* 6. 3 (1990): 154.

[26] Allan Megil, *Prophets of Extremity, Nietzsche, Heidegger, Foucault, Derrida* (Berkeley: California University Press, 1985) 184.

una toalla cruzándole el vientre bajo la cual se guarecen la fruta y los glóbulos adánicos es una réplica de Cristo" (*El color*, 276). Se advierte además que el propósito de transgresión y el uso de las palabras más groseras y descarnadas también están determinados por un deseo de desnudar el lenguaje de todo retoricismo hipócrita y por supuesto de chocar, de ofender al lector: "Tenía un cáncer en el culo" (*El color*, 67). La crudeza de la expresión reafirma la violencia del lenguaje que a su vez destaca la violencia continua de la mayoría de las novelas de Arenas, en una historia sin tiempo, porque "el pasado a través de la memoria se vuelve presente interminable" (Ette, 104). Arenas destruye toda trascendencia y profana la historia, porque como dice Foucault "profanation in a world which no longer recognizes any positive meaning in the sacred —is this not more or less what we may call transgression?" (*Language, Counter-Memory, Practice*, 30). Parecido en muchos aspectos a Juan Goytisolo, Reinaldo Arenas va más lejos que éste en la desacralización del discurso, porque termina por destruir a su país en *El color del verano*, y a sí mismo y a su madre en *El asalto*. A partir de su memoria individual, el escritor cubano recrea la historia de su país como un terror continuado. Este lenguaje agresivo le sirve al propósito de transgredir todos los valores y apariencias de una sociedad que castra la libertad individual. Es su respuesta, o su venganza, a la sociedad totalitaria en que vivió, a un sistema de gobierno que humilla continuamente la dignidad del ser humano.

El asalto: fin de una agonía

El asalto termina, al igual que las otras cuatro novelas de la pentagonía, con una muerte, pero en este caso no con la muerte del protagonista, sino la de la madre, la muerte como gran liberadora y develadora de un misterio en que la madre del protagonista es a su vez el tirano, y éste sólo halla descanso poseyéndola y matándola. Esta novela es también una recreación orwelliana y apocalíptica del final de la opresión de Cuba, que es también la opresión del protagonista. Es el fin de un país devastado donde todos sus habitantes se han convertido en una masa animal que se libera cuando el protagonista, al matar a su madre, termina con el gran dictador. "Mi madre me mira llorando y dice, 'hijo'. Todo el escarnio, la vejación, el miedo, la frustración, el chantaje y la burla y la condena que contiene esa palabra llega hasta mí abofeteándome, humillándome" (140). La madre, un tema recurrente en casi toda su novelística, es quien le reprime, y es la causante de todos sus males. Ella carga con la culpa de los sufrimientos del hijo. "Si quieres que tu hijo no sea un desdichado, mátalo al nacer" (*El color*, 184). Por ella tiene que vivir dividido, "he hecho infelices a otras personas por ti... no soy una persona, soy dos y tres a la vez" (*El color*, 101). Kessel Schwartz ha señalado que en la obra de Arenas: "el leitmotif sociológico esencial tiene que ver con los sentimientos incestuosos y las ansiedades respecto a la madre y su relación patológica con el hijo."[27] En *El asalto* esta relación enfermiza e incestuosa llega a situaciones repulsivas de una tremenda abyección y crueldad: "Mi erección se vuelve descomunal, y avanzo con mi falo proyectándose hacia su objetivo, hacia el hueco hediondo, y la clavo (...) ella al ser traspasada emite un alarido prolongado y se derrumba (...) ella, soltando un aullido, estalla lanzando tornillos, arandelas, latas, gasolina, semen, mierda y chorros de aceite." (140) La madre, a quien despersonaliza con el pronombre ella, es como un recipiente de basura y de hediondez al cual el protagonista posee con un "goce furioso" (140) y destructivo, que es al mismo tiempo el gusto de la venganza cumplida contra todas las represiones que su madre simboliza en esta novela.

El asalto es una novela de tremenda violencia en que se repite, al igual que

---

[27] Kessel Schwartz, "Maternidad e incesto: fantasías en la narrativa de Reinaldo Arenas, en *Reinaldo Arenas: alucinaciones, fantasías y realidad,* eds. Julio Hernández Miyares y Perla Rozencvaig (Glenview: Scott Foresman / Montesinos, 1990) 20.

en el resto de la obra areniana, la palabra "estruendo"[28] con un sentido aun mayor de destrucción y de alienación. El autor subraya el sentido de esta palabra con otras como *gritar*, *retumbar*, *chillar*, que van imponiendo un ritmo enajenante, delirante, al discurso: "la masa en forma unánime gritará hurra hurra hurra *(sic)*, y haré retumbar ambas garfas (...) retumbarán los cuarenta himnos" (124). Los verbos más usados, además de los mencionados anteriormente, son *derrumbar*, *crujir*, *restallar*, *estallar*, porque el elemento que cohesiona esta novela es la furia, una furia que nace de la intensa represión y frustración que padece un ser humano desposeído de toda su vida interior por un régimen totalitario donde se vigilan hasta los pensamientos: "La furia me poseyó de tal forma que no pude aguantar más" (105). "Poder aniquilar a tantas bestias depravadas atenuará un poco mi furor" (92), "y salgo cada vez más enfurecido, rumbo a la explanada patria estremeciéndome de furia y terror" (128). Pero a la rabia se une el odio, un odio que corroe todos sus sentimientos y le hace cometer acciones tan denigrantes como las que comete el sistema: "Puta, criminal, le grito sacándola por el cuello y ajusticiándola con la masgarfa ante la euforia de todos (...) ¡Viva el Reprimero!" (21). Su odio en realidad no tiene sosiego aunque acabe con sus enemigos porque está dirigido a sí mismo y hacia su madre, es decir hacia su raíz: "Puedo hablar, puedo susurrar y decir que fue el de al lado y joderlo (...) Pero mi madre sigue viva (...) Me he hecho contrasusurrador para poderla perseguir y aniquilar donde quiera que la encuentre. Después ya veré. Pero mientras no la aniquile estoy en trance de perderme." (15)

Con esta novela su autor está gritando y desnudando la maldad y la destrucción que engendran los regímenes totalitarios, porque la represión y el miedo oprimen también los mejores sentimientos. Bajo el terror no puede florecer la bondad. Las tiranías, con la constante represión que ejercen sobre los

---

[28] En el capítulo anterior se ha analizado la función de esta repetitiva palabra en los textos de Arenas.

individuos, sólo pueden sacar la parte más negativa y agresiva de la personalidad de sus ciudadanos, que en situaciones de tranquilidad social no tiene por qué salir. En la novela, esta masa reprimida cuando tiene oportunidad deja salir toda su frustración y odios contenidos y se proyecta con igual crueldad a la del verdugo: "Raro es ver ya a una cucaracha (...) He visto a dos y a tres sacarse los ojos con sus garfas ante una cucaracha, disputándose el privilegio de ser los primeros en despachurrarla" (73-74). En esta novela Reinaldo Arenas lleva al extremo lo que dijo en *El color del verano:* "vivir bajo una tiranía no sólo es una vergüenza y una maldición sino que es también una acción abyecta que nos conmina, pues quieras o no, hay que cooperar con el tirano si se vive bajo sus leyes" (344). Reafirma con esta idea la dialéctica de Jean-Paul Sartre, al afirmar el filósofo francés en "Qu'est-ce que la littérature?": "Vient un instant où tortureur et torturé sont d'accord: celui-là parce qu'il a, en une seule victime, assouvi symboliquement sa haine de l'humanité entière, celui-ci parce qu'il ne peut supporter sa faute qu'en la poussant à l'extreme et qu'il ne peut endurer la haine qu'il se porte qu'en haïssant tous les autres hommes avec lui."[29]

En *El asalto*, la contaminación, la perversión del carácter acaba por ser total y el protagonista se identifica con el Estado en su obsesión por matar a la madre. En esta novela también hay resonancias del protagonista de Orwell en *1984*, porque el disidente inicial que se anuncia en *El palacio de las blanquísimas mofetas* se reconoce en *Otra vez el mar* acaba por convertirse en un ser tan degradado como la misma tiranía que combatió. De ahí que los adjetivos más constantes en esta novela profundamente corrosiva sean *criminal*, *alimaña*, *bestia torpe* "su condición de bestia degenerada" (22). Arenas describe furiosamente una sociedad destruida en sus múltiples manifestaciones, donde el terror ha transformado al ciudadano en: "criminales, alimañas horrendas." (59) Y donde las personas son incapaces de pensar ni de hablar, ya que hasta el diálogo ha sido

---

[29] Jean-Paul Sartre, *Situations II* (Paris: Editions Gallimard, 1948) 247.

reducido a un "gar gar gar" (103), es decir al sonido monosilábico del ser humano primitivo, llevado a su primaria condición animal, y donde hasta susurrar es un delito: "Mañana haré ejecutar a todas las alimañas de esta asquerosa Postprimería por haber susurrado" (100). Toda la furia que se inicia con la violencia en que viven los personajes de *Celestino antes del alba*, "animal, dice mi madre, y me tira una piedra en la cabeza" (16), llega a su clímax en *El asalto*, una novela que el mismo autor considera, en la contraportada, quizás con su exageración característica, que "es tal vez la más cruel y antirretórica escrita en este siglo."

La furia del narrador-protagonista reprimido, y por tanto represivo a su vez, se refleja contra el lector, a quien *asalta* al desmentir, con el golpe de una frase grosera, sus propias descripciones: "La estaca, maza, garfio o masgarfio, cabilla o fleje, o váyase usted al carajo" (49). Hay que observar que el autor recurre a las comparaciones animales, entre las que abundan las referencias a las ratas, murciélagos, cucarachas para hacer énfasis en el ambiente de repulsión y de envilecimiento en que se vive bajo una tiranía: "Las orejas de mi madre son largas, ásperas... como las de un murciélago gigante, ratón, perro o elefante, o qué coño de bicho; sus ojos redondos, giratorios, como de rata o de sapo o qué carajo" (41). Es una furia amarga, dolorosa que arremete incesantemente y que no deja espacio para otros sentimientos: "Violento, los estoy despachurrando sin dejar de observarlos (...) Y el olor a sangre y tripa reventada me calma" (49). El lenguaje está determinado por esta saña implacable, por ese rencor despiadado que destila toda la novela. La degradación de la tiranía se refleja en el discurso de los personajes del gobierno, que con un lenguaje monótono, de voces cacofónicas, demuestran incluso la degradación de las capacidades intelectuales de los individuos que dirigen un sistema cuyo único fin es animalizar, controlar y reprimir al pueblo: "este documento funge concorde a como concuerda su petición" (89). Más adelante, otro documento señala "el espíritu heroico y el heroísmo heroico (...) la consecución heroica de la gran tarea heroica" (91). El mismo autor reconoce la pentagonía como "este ciclo furioso," y señala en *El color del verano* que "además de ser la historia de mi furia y de mi amor es una metáfora de mi país"(249). Pero esa furia es también unfuerza, que lo lleva a continuar su obra, a escribirla y reescribirla: "yo escribía una página y al otro día la página desaparecía" (*El color*, 246). Esa furia le da objetivo a su vida para "cantar el horror y la vida de la gente" (*El color*, 250).

Publicada en 1991, *El asalto* fue escrita en 1974 y después vuelta a revisar en 1988. La novela está dividida en 52 capítulos, que llevan títulos de otras novelas, libros, frases con una combinación de capítulos cortos y largos que recuerdan nuevamente la estructura de la novela picaresca. Incluso el capítulo VIII lleva como subtítulo un texto de uno de los tratados del *Guzmán de Alfarache*, y consta de sólo dos líneas: "Bestias degeneradas es la palabra justa. Una bestia natural no se afana por trabajar de ese modo." (*El asalto*, 23). Sólo que aquí el personaje del pícaro resulta ingenuo ante este ser degradado, mutilado, rencoroso, que recuerda más bien a los personajes de Orwell destruidos por la opresión. En lo que a la estructura se refiere, hay que observar que la novela que cierra la pentagonía es también circular. Empieza con la obsesión del protagonista por matar a la madre, lo intenta en el primer capítulo pero no puede. En este capítulo se da cuenta también de que él y su madre son uno: "Era ella, era igual que ella, algo como de piedra... El rostro de mi madre era cada vez más mi propio rostro" (8). Ambos son el rostro de un solo y desmesurado terror en un sitio que ha perdido toda característica humana y donde los habitantes ya no tienen nombres, son sólo hombre, mujer, carcelero, susurrador, y no tienen manos sino garfas. El ser humano, bajo estas circunstancias animalizantes, ha ido perdiendo también físicamente sus características humanas: "el fugitivo levanta la bola negra que forma su cabeza (...) vuelve a hundir sus garfas y continúa como escarbando, hurgando" (81). El lenguaje casi ha desaparecido: "no conoce el lenguaje hablado; en cuanto al escrito sólo conoce la imagen reprimera" (78). En el capítulo final, el protagonista mata al fin a la madre y se da cuenta de que "ese rostro que está ante mí es el odiado y espantoso rostro de mi madre. Y ése es también el rostro del Reprimerísimo. Los dos son una misma persona" (137). Y el mismo protagonista no es más que un doble de ambos caracteres "(....) iba dejando de ser yo para ser ella. Y supe...que si no la mataba rápido sería ella" (14).

Arenas desafía y desenmascara un estado en que el ciudadano vive "sin hablar como ordena el reglamento" (29) y en donde las cosas ya no tienen nombre, "avanzando la nonoche, en medio del estruendo de los extractores del jugo patrio" (88). Se ha robado al ser humano de toda condición pensante, y también de todo recuerdo porque todo recuerdo en un sistema totalitario puede ser subversivo: "la memoria es diversionista y pena exige" (20). En *El asalto* el protagonista ya se ha deshumanizado tanto, que es incapaz de sucumbir ante la nostalgia del pasado, aunque aún la memoria intervenga en sus recuerdos: "Esta noche estrellada como se decía en el pasado, quiero decir que el cielo está lleno de tarecos, de furias" (12). El protagonista que no puede recordar "el remoto pasado miserable que no volverá" (59), aclara inmediatamente, rectifica el recuerdo para no ceder ante la evocación. Por eso también les antepone el negativo a los sustantivos negándoles su valor: "se precipitó en el noparque" (14); "Voy, pues, hasta uno de los nobancos, y comienzo a desengarfiar a los engarfiados que durante la nonoche han caído como moscas" (18). Los niños, en este sistema que ha triturado todos los valores, no tendrán la posibilidad de ser traicionados por el recuerdo, porque para ellos nunca existió más que la negación: "los niños podrán hacer uso del diálogo en la hora de la nosiesta" (92). En su discurso narrativo está presente como afirma Stoeckl en relación con *Le Très-Haut* de Blanchot: "a kind of closed circularity to which negativity is invisible. All negativity, no matter how destructive and pointless on the surface, inevitably goes toward consolidating the final and absolute State" (26). Así puede observarse que el deseo del personaje central de aniquilar a la madre le hace cooperar con el Estado que le aniquila a él a su vez como ser humano: "Seguí cooperando con ellos (...) ahora puedo reventar a unos cuantos más de los que reviento (...) en espera de mi madre" (11). Por otra parte el mismo gobierno sabe que mientras más terrible y perversa es la represión, mayor es la seguridad de su poder: "Hasta ahora el error de los que nos habían antecedido en el poder consistía en que para mantener el poder, concedían, daban... El éxito consiste en lo contrario" (119). Por eso cada día instituye una nueva degradación contra sus ciudadanos: "¿Crees que un estado pueda temer algo de sus ciudadanos cuando la mayor inquietud será velar porque el otro ciudadano no se lo coma? Ja... Ja..." (119).

Es curioso señalar que en ésta, que es el final de una serie de novelas en las cuales el protagonista muere para renacer en la próxima, el autor no mata a su personaje sino que, deshumanizándolo e identificándolo con el tirano, lo convierte en una especie de héroe en el último capítulo que da título a la novela. El protagonista, en su último y gran asalto, termina al fin con su madre, que es al mismo tiempo el tirano, la mata y de esta manera libera al pueblo animalizado. El personaje narrador, asesino y delator pone fin a la tiranía: "Es un susurro descomunal emitido por la muchedumbre que comienza a destruirlo todo asesinando a cuanto agente puede capturar" (140). El susurro se convierte en la voz recuperada del pueblo gracias a este protagonista que ha sido víctima y verdugo a la vez, para gritar al fin las primeras palabras de la masa anónima de la novela: "Al fin acabamos con el asesino reprimero, al fin la bestia cayó" (141). En este momento el autor-testigo-personaje-negativo se ha convertido en el libertador de su pueblo. Sin embargo, este acto sólo sirve para dar salida a la violencia reprimida de un pueblo que aniquila y, a su vez, acaba con todo: "el derrumbe es tal que hasta el mismo susurro que cada vez asciende más se mezcla con el estruendo de las cosas que caen, de los huesos que crujen (...) la inmensa y enfurecida muchedumbre sigue avanzando, persiguiendo, derrumbando al son de su enfurecido susurro." (14)

Esta es la única novela de la pentagonía en que el personaje no muere: "Y cansado, abriéndome paso en medio del estruendo (...) puedo llegar hasta el extremo de la ciudad. Camino hasta la arena. Y me tiendo" (141). Cumple su misión de matar a la madre, que simboliza toda la represión. El personaje ha cumplido su irascible venganza, con este último asalto puede estar en paz.

Terminada con estas dos novelas su saga agónica, en la que diversos exilios interiores van marcando su obra con una total desolación, Arenas, en el extranjero, pudo haber dado comienzo a un nuevo ciclo marcado por el exilio territorial, en el cual, sin embargo, vibra un cierto matiz esperanzador: un ciclo en el que comienza a ceder el lenguaje de la furia, pero que la muerte no le permitió desarrollar.

Capítulo IV
Tres instancias hacia la liberación y la autenticidad
La salvación por el arte: *Arturo, la estrella más brillante*

La evasión hacia el horizonte imaginario de la creación

Con *Arturo, la estrella más brillante*,[1] Arenas retoma el tema de la alienación y la angustia de un ser humano encerrado en múltiples exilios, y sobre todo, de su lucha por la autenticidad. Arturo, el protagonista de esta novela, el personaje de *El portero* y el de *Viaje a La Habana* comparten un doloroso exilio, y los tres tienen en común el ansia de la esperanza de algo mejor y sublime hacia donde escapar del horror y del vacío. *Arturo, la estrella más brillante*, que no corresponde al ciclo del exilio territorial, como las dos posteriores, puede verse como el antecedente de ambas. En esta obra, que fue escrita en la misma época en que Arenas estaba escribiendo la mayor parte de las novelas de la pentagonía, persisten muchos de sus temas y sobre todo el tema universal de la búsqueda interior del individuo planteado desde la posición de un marginado, de un ser rechazado por su homosexualidad.[2]

Arturo, la estrella más brillante es una novela que narra el profundo destierro espiritual y la marcada enajenación de un personaje sensible y creador en

---

[1] Las citas corresponden a la edición de (Barcelona: Montesinos Editor S. A., 1984).

[2] *Arturo, la estrella más brillante* la escribe en Cuba en 1971 en la misma época en que está escribiendo la tercera obra de la pentagonía, *Otra vez el mar*. Para una cronología de la obra areniana, consultar el artículo de Ette: "La obra de Reinaldo Arenas: una visión de conjunto." 96-138.

un medio autoritario en el que domina una rígida moral estalinista que destruye a todo el que aspire a la libertad. Es también el testimonio herido y desgarrador de una ofensa sin límites a la dignidad del ser humano. Como personaje profundamente alienado, Arturo trata de asirse a algo que lo libere de un mundo que lo asfixia, trata de ser él mismo. Pero, ¿cómo ser auténtico cuando se le arrebatan todas las opciones y está perseguido, reprimido, detenido, forzado a trabajar, condenado, despreciado? Arturo encuentra el alivio en sus visiones internas para escapar del horror en que vive. Marginado por homosexual y prisionero en un campo de concentración exclusivamente para homosexuales se aísla de ese mundo, y se construye un mundo nuevo en su imaginación. Se evade construyendo un lugar donde podrán estar solos él y su amante imaginario. Se evade hacia la belleza, sube hacia la creación, hacia el arte. *Arturo, la estrella más brillante* marca en la novelística de Arenas una tendencia hacia un tipo de ascensión, de verticalidad, que ya se manifiesta desde el título. Arturo descubre que comparte su nombre con el de una estrella, que para el autor es la más brillante: "revisando las hojas de un ejemplar titulado *Astronomía para las damas*, Arturo descubrió, con ironía y tristeza, que aquella estrella, la que su madre llamaba el lucero de la tarde (...) se llamaba, así lo decía el libro, Arturo" (32).

 Si el ciclo de la pentagonía se inicia con el pozo de *Celestino antes del alba*, este nuevo ciclo se eleva desde la hondura de aquel pozo hacia nuevas búsquedas de expresión, en que los personajes no solamente narran su horror, sino que buscan una salida, otra respuesta, la cual para Arturo está en el arte. De alguna manera el pozo de la primera novela ha quedado atrás. El pozo casi siempre siniestro, que representaba la muerte y la oscuridad, ha dado lugar a la ascensión de Arturo. Una ascensión que se inicia con el encuentro de la belleza creadora, porque el arte, parece decir el escritor a través de su personaje, es lo único que le puede salvar de todas las agonías: "Esa misma noche decidió que para salvarse tenía que comenzar a escribir inmediatamente" (42). De nuevo en esta novela se repite el concepto de la salvación por las palabras, o por la escritura. La palabra, una vez más, le ayuda a trascender la realidad que le enajena. Arturo pensaba que "unas imágenes adecuadamente escritas, que las palabras podrían salvarlo" (9). Y repite una vez más que las palabras siempre fueron "su primer consuelo, su primera estratagema" (23).

Tanto en *El portero* como en esta obra, se evidencia una especie de frontera entre el mundo cotidiano, deshumanizado, y el mundo que sueña el personaje. Con Arturo se materializa la imagen ascensional de la búsqueda de lo inefable, lo superior: una línea vertical que confirma la búsqueda de esa elevación hacia un mundo de belleza y plenitud creado para huir del terror, porque "lo real (...) no está en el terror que se padece sino en las invenciones que lo borran" (14). Pero fatalmente, por más que él quiera borrarla, reaparece la cruda realidad continuamente para interrumpir la belleza y la creación. Y así, Arturo tiene que volver a la realidad cotidiana, a la de todos, a la absurda y terrible realidad donde sus perseguidores están "delatando, llamando, tratando de impedir que él finalizase alguna construcción urgente —un parasol irrepetible, algún recodo único" (15).

Como ya ha analizado la crítica,[3] *Arturo, la estrella más brillante*, puede verse como una continuación de su noveleta *La Vieja Rosa*, de la cual la diferencia un tono rápido, de escritura hecha de una vez, como sin respirar. Arturo, el protagonista, viene de otro personaje, es el hijo homosexual que La Vieja Rosa intenta matar. La madre de Arturo aparece ahora en esta breve noveleta, como un personaje ausente, pero presente en el pensamiento y el recuerdo del hijo: "la única persona que lo había querido hasta el punto de haberle dado muerte de no haber sido por un error de cálculo y el mal estado del arma"

---

[3] El mismo Goytisolo señala que Arenas "(...) ha escrito un bello y revulsivo poema de amor de una fuerza y autenticidad superiores a las de cualquier alarde propagandístico." Ver su artículo "*Arturo, la estrella más brillante,*" Miyares y Rozencvaig 181.

(20). El autor une el amor y la muerte en su repetida dualidad de la negación madre-hijo, porque esa madre es también quien lo persigue y lo hace sentir culpable: "pero la madre, alta, autoritaria, firme, estaba allí vigilando en la sombra, en la poca sombra, ordenando, mencionándolo, ayudándolo a desvestirse" (26). El recuerdo de la madre que lo condena, no le permite disfrutar del sexo: "sabiendo que aun cuando lo consiguiera, aun cuando uno de aquéllos aceptara, nada iba a cambiar, nada iba a resolver, ninguna paz, ninguna felicidad o reposo iba a encontrar" (32). El sexo no le puede dar felicidad porque este personaje siente una íntima insatisfacción que parte del complejo de culpa por su homosexualidad y por la muerte de la madre en la novela anterior: "Allí estaba también la alta, respetable figura, y señalaba, quizás para burlarse, quizá para vengarse, quizá para imponerse, hacia la estrella más brillante" (32). La Vieja Rosa no llega a matar a su hijo, pero en *Arturo, la estrella más brillante* la madre simbólicamente sí lo mata. Ella está entre los que le persiguen, como símbolo de las fuerzas represivas que se oponen a su autenticidad y que le impiden la realización personal: "Otra vez divisó a La Vieja Rosa, arma en mano y vestida de hombre" (91). Según Juan Goytisolo, al convertir a la madre en el verdugo, la novela-testimonio-político" se habrá trasmutado ante nuestros ojos en una angustiosa interrogación del mundo" (181). Es decir, la novela trasciende al plano universal. Este final de *Arturo* también remite al de *El asalto*, cuyo fin viene a ser la contrapartida de esta obra. En aquélla es el protagonista el que logra romper sus cadenas de opresión interna y externa matando a la madre, mientras que en *Arturo*, la madre opresiva se impone y lo mata a él. Son dos catarsis de los personajes (y del autor), que necesitan matar o morir para alcanzar la libertad desesperadamente ansiada.

A pesar de su evidente continuidad con *La Vieja Rosa*, se pueden observar diferencias temáticas y estructurales entre ambas noveletas. Para Ette, aunque *La Vieja Rosa* mantiene la circularidad de los textos de Arenas, dicha obra tiene una estructura más lineal, hay diálogos, es narrada por una tercera persona que conoce los pensamientos de esta protagonista femenina en la obra de Arenas.[4] En cambio, en *Arturo, la estrella más brillante*, la circularidad es más cerrada. No sólo comienza con el momento de la muerte del personaje —"y ahora hizo descender los elefantes y depositó sus grandes figuras palpables y apacibles al final de la extensa llanura, donde comienza su gran obra" (9) — sino que termina con la misma imagen y en el mismo momento narrativo en que comienza, el de la muerte del protagonista: "cuando los atinados disparos lo fulminaron, Arturo alcanzaba ya la línea monumental de los elefantes regios" (91). Toda la obra está compuesta por un solo párrafo de 91 páginas, en las que prima un tono jadeante y apresurado que no existe en *La Vieja Rosa*. Se trata de un largo párrafo vertiginoso y continuo, con un ritmo desesperado como de obertura febril, en el que el presente eterno se encadena en todas las vivencias del personaje que se desdobla en un perenne vivir en dos dimensiones alucinadas: el sitio de la belleza y del amor, que va creando en su imaginación, y el campo de concentración donde los homosexuales ponen el trabajo esclavo y la diversión grotesca de su humillada humanidad. *Arturo* tiene en común con muchas de las obras de Reinaldo Arenas esa estructura de círculo cerrado, del cual no hay escapatoria. Pero esta vez, se trata de un doble círculo cerrado, en el que el campo de trabajo es el centro que a su vez está encerrado en el otro círculo de la prisión mayor que es Cuba.

En esta novela marcada por la creciente tensión entre los planos del espacio y el tiempo, Arenas trabaja con su concepto sobre la realidad y la temporalidad. Como en otras de sus novelas la narración se hace desde dos planos: uno en que reina la realidad con toda su crudeza y su dolor y otro interior donde reina la belleza. Uno, el de afuera, es el del estruendo, en esta ocasión

---

[4] Aunque la mujer tiene importancia en su obra, Arenas no tiene otros protagonistas femeninos. Planeaba un ciclo novelístico sobre mujeres, que nunca llegó a realizar. Ver la entrevista en el apéndice de *La Vieja Rosa*.

contrapuesta al silencio que necesita para crear en su mundo interior, "él debía imponer el refinamiento y la fecundidad del silencio a la estéril estupidez del perpetuo estruendo" (73). El tiempo atenaza al protagonista, y le impele hacia la creación. La noveleta se convierte en una tensa —y profética— lucha contra el tiempo. Como el mismo Arenas veinte años más tarde,[5] Arturo no tiene tiempo para terminar su obra. El personaje se siente acorralado por un tiempo que se le escapa, y trata, en una carrera veloz, de terminar su obra para dar testimonio de lo vivido: "había que dominar, había que sobornar al tiempo, darse prisa" (52). El personaje sabe que le están robando su tiempo:"Dios, Dios, dame el tiempo, concédeme el tiempo, préstame el tiempo, pero Dios hacía tiempo que había desaparecido, se había suicidado" (73). Arturo está solo, es un personaje que se siente traicionado por su tiempo, abandonado en manos de un gobierno despótico, y trata de buscar en su interior no la esperanza de Dios, sino la del arte; suplanta a Dios con el arte, porque para él Dios "se había largado, se había esfumado como tantas dulzuras, y terrores y sueños, ahora nadie sino él, Arturo era Dios, nadie sino él, Arturo podía hacer algo por él, Arturo" (73).

En esta novela se puede observar que el estilo está en función del ritmo que exige el tema de la obra. No hay punto y seguido: la coma, el punto y coma y los puntos suspensivos son las únicas pausas escogidas para reforzar, con su corta parada, el movimiento rápido de este largo monólogo, a la vez repetitivo y circular, en su rauda carrera contra el tiempo:

> Arturo comprendía que ellos, los otros y los demás y todos, es decir la vulgaridad, la imbecilidad, el horror, no tolera la indiferencia; traición, robo, ofensa, muerte, todo podía pasar, y de hecho pasaba, pero lo que no se admitía (...) que no se confiase en ella, que no se sometiese a ella... si quería sobrevivir (...) tenía que adaptarse (...), tenía que hablar como ellos, tenía que reírse como ellos. (37)

---

[5] Hay que recordar que Arenas vivió sus últimos años, enfermo de SIDA, pidiendo tiempo para poder terminar su obra, como dice en el prólogo de su autobiografía.

Se repiten los verbos en diferentes tiempos como marcando esa secuencia temporal a la vez intensa y detenida de la imaginación del personaje: "la obra surgía, surgiría, estaba allí (...) para situarse, para manifestarse, para dar testimonio" (11). El infinitivo verbal destaca aún más el carácter atemporal, de futuro indefinido, del mundo interior del personaje, en contraste con la rapidez angustiante del tiempo de la cotidianidad exterior. También los pronombres van deslindando los planos espacio-temporales de la noveleta, a la vez que marcan la honda escisión que separa al protagonista del mundo social circundante que le enajena: "...gracias pues a ellos (a ellas) había elegido hacerse superior, o también podían ser los otros (había establecido tres categorías: *ellos, los otros y los demás*)" (13) (Las cursivas son del autor). Ellos, los otros y los demás componen el mundo de los homosexuales detenidos en el campo, de los cuales se siente diferente, y de los guardias de la prisión. En ese mundo se destacan tres planos espaciales, los dos círculos de prisión citados anteriormente, y el de Arturo, en el centro, en fuga constante hacia un tercer espacio que está dentro de sí mismo. Un espacio que representa un nivel superior en el que se adentra o al que sube para crear.

También, como en obras anteriores, los pronombres cumplen una función delimitadora entre ambos planos temporales: "esa realidad y no aquella realidad; contra el tiempo de ellos, de los otros, de los demás —tiempo horrible, humillante— su tiempo" (53). El protagonista de *Arturo, la estrella más brillante* está en su centro, aislado de todos, diferente y único, fuera de la realidad externa que trata de doblegarlo, y sobre todo, de igualarlo en "un presente superficial y conminatorio" (17), que él rechaza, y del cual se evade según va creando una obra que aspira a ser perfecta: "si antes era la candente plantación, el paisaje engarrotado y polvoriento (...), ahora eran los grandes árboles umbrosos" (78). Su propósito es componer una obra que incluya casi todas las artes: pintura, arquitectura, música y literatura. El plano ascensional creador de la novela, se convierte así en un refugio para su ser amenazado y enajenado, un espacio imaginario arquitectónico, a donde huir: la casa, el hogar deseado y perdido. Construye un castillo con "habitaciones sin fin, prolongándose en amplias terrazas de armoniosas cristalerías" (77), un fabuloso albergue que lo salve de sus repetidas soledades, del sol abrasador, del trabajo implacable, de la falta de privacidad, del tumulto y de las leyes arbitrarias y opresivas. Arturo necesita: "crear el universo añorado, su universo (...) donde no había leyes de ocasión mezquinas y cambiantes sino las inalterables, divinas leyes amparadas por la intuición y el ritmo" (83). A la vez que el protagonista escribe la noveleta está creando una obra magnífica para entregársela a ese *él* por quien espera. La misma noveleta es pues parte de la creación del personaje central: "mire lo que escribe, contrarrevolución, contrarrevolución descarada: y el cabo lee trabajosamente algunas palabras que no entiende: jacintos, turquesas, ónix, ópalos, calcedonias, jades, un aterido lo-fo-ro-ro" (76). El cabo está leyendo la misma obra que el lector tiene ante sí, como si ésta se estuviera escribiendo ante los propios ojos del lector. El mismo autor en entrevista con Ette ha aludido a esta técnica: "pienso que el cubismo y cosas de esa índole quizás nos puedan dar una idea de lo que yo pretendo hacer: algo en que la realidad se fragmenta y el autor y el lector de cierta forma la reconstruyen y participan de esa reconstrucción" (66). De esta manera, Reinaldo Arenas está reafirmando, dándole un tinte de testimonio a lo que cuenta, como para recordarle al lector que la obra que está leyendo no es ficción, sino que, como él mismo dice, Arturo, su personaje, está "dando testimonio de todo el horror, comunicándole a alguien, a muchos, al mundo, o aunque fuese a una sola persona que aún conservara incorruptible su capacidad de pensar, la realidad" (43).

Sin embargo, la realidad del trabajo físico y la humillación real de cada día, invaden, interrumpen a veces la no menos verdadera realidad de la imaginación de Arturo. Ambos planos se entrecruzan constantemente, el estruendo, opresivo y mezquino se impone sobre el silencio creador: "(...) ya estaba allí, otra vez, el camión esperando, el 'apúrate comemierda' (...) el 'de pie cojones' que ya es hora de volver (...) y el nido dejaba de balancearse, el lago no había podido rodearse de árboles que se inclinasen para mirarse en sus aguas y el estruendo de los platos y cucharas terminaba borrando el susurro de los tallos." (72) La realidad irrumpe constantemente para destrozar la belleza: "allí estaba aquel cuerpo rígido e inflamado (...) allí estaba el muerto, ocupando una dimensión absoluta, aniquilando varandales y butacones, alfombras y trineos, caracoles y columnas" (59). La realidad física entra en la otra realidad imaginada con toda su fuerza asfixiante y terrible, de tal manera que la imagen del joven ahogado le impide a Arturo trabajar en su obra por varios días: "de pronto reconoció espantado que no había escapatorias, que todos sus esfuerzos habían sido inútiles, y que allí estaban las cosas, agresivas, feas, intolerables pero reales, allí estaba el tiempo, su tiempo, su generación ofendida y estupidizada" (61).

Arturo vive en un mundo que se va desintegrando, donde el presente deja de existir y la gente vive alienada de la realidad que tratan de imponerle y sobre todo alienada de ese tiempo suyo que le arrebatan. Vive exiliado de su propio tiempo: "Arturo notaba que casi todos hablaban en pasado (...) que todo (...) se iba deteriorando, cuarteando, rompiendo, erosionando día tras día" (24). Para Arenas, la realidad hay que recrearla aunque sea en otra dimensión: "contra la realidad insoportable, otra realidad, nuestra realidad, sólo con la creación de un nuevo presente, se puede eliminar el presente presente" (51). Así lo hace en esta novela, con la que está diciendo que el modo de anular y de destruir la realidad es inventando individualmente la propia realidad, vivir en el propio tiempo interior imponiéndolo al tiempo de los otros.

Un doble exilio interior

Arturo, la estrella más brillante es una novela determinada por el exilio interior, que cumple el planteamiento de Ilie: "Lo que determina el carácter exílico de un texto es su contenido, por estar concebido y elaborado desde el interior de una irritabilidad en gestación. El escritor provocado y respondiendo provocadoramente con un texto que puede o no ser tolerable para su gobierno, crea una obra que refleja conceptos morales asociados a su exilio espiritual".[6] Siguiendo este criterio toda la obra de Arenas hecha en Cuba cabe dentro de esta afirmación. *Arturo* tiene todas las características del exilio interior y es, al mismo tiempo que un texto profundamente disidente, una de las obras más logradas artísticamente de Arenas. Ya David William Foster ha hablado de la sensibilidad homosexual en esta novela que denuncia una sociedad hipócrita y opresiva: "Arturo es un texto conmovedor no solamente porque en el cuerpo del protagonista se den cite todos los mecanismos de la persecución del individuo por el poder ciego y arbitrario del Estado, sino también, porque Arenas pautiza sin concesiones cómo una vertiente del estado castrista reduplica el cinismo del código de la sociedad burguesa que había pretendido revolucionar."[7]

Como una constante en la obra areniana, especialmente en *El portero* y en esta noveleta, el escritor desarrolla un protagonista sumido en un exilio dentro de otro. Vive dentro de su patria asediado y detenido por un régimen y una sociedad que lo rechazan, y además vive dentro de un grupo de homosexuales como él, sin encajar tampoco en ese grupo. El personaje vive en un autoexilio al saberse diferente de los que le rodean: "ellos tenían sus gritos, su modo de hablar, su estúpida jerigonza, y sobre todo, y esto era lo que más irritaba a Arturo, tenían esa mansedumbre (...) todos menos él, porque él se iba a rebelar" (42-43). Arturo vive, al igual que el autor, en la angustia de un doble exilio interior, en constante huida de la circunstancia que le oprime por doquier. Arturo, prisionero en un

---

[6] Ilie 50.

[7] David William Foster, "Consideraciones en torno a la sensibilidad gay en la narrativa de Reinaldo Arenas." *Revista Chilena de Literatura* 42 (1993): 89-94.

campo de trabajos forzados, se evade, como dice Ilie, "con la sensibilidad axial del preso... (por) imágenes de situación de secretos y ocultamientos" (243). Al joven detenido le es necesario ocultarse de todos para poder recrear su otra realidad: "había sabido elegir el lugar, había sabido escaparse, correr sin ser visto" (15). Y también el preso se evade de su exilio por "el deseo de huir a las lejanas fronteras... alusiones que fijan los polos de un hermetismo mental y físico" (Ilie, 243). Arturo corre hacia la frontera creada por él, la línea de elefantes que demarca su obra: "hizo descender los elefantes y depositó sus grandes figuras palpables, apacibles al final de la extensa llanura" (9); una frontera que es a la vez un suicidio. Una vez más se manifiesta la muerte como liberadora, como ya se ha señalado en otros capítulos, ante el "sin sentido de una existencia superficial primero, esclavizada después, inútil siempre, se borraba, terminaba ante aquella inmensa explanada donde él había terminado ya de situar los elefantes, y ahora configuraba un rosal" (14).

Según Tabori : "It is generally supposed that an émigré is a person who has abandoned his country. But in most cases the émigré is a person who has been abandoned by his country."[8] Arturo ha sido abandonado por su país, así como los otros homosexuales detenidos con quienes convive y es obligado a trabajar como esclavo. La patria les ha sido negada: "Desde hacía mucho tiempo ya no se les trataba como a seres humanos, no les ponemos la bandera, les decían los oficiales, porque ustedes no son dignos de ella" (42). Desde este punto de vista, padecen un exilio territorial dentro de su propia patria ya que han sido trasladados a otros lugares a servir como esclavos y al mismo tiempo son seres despreciados, a quienes se les ha negado todo derecho, separándolos del resto de la sociedad en campos de concentración.

Arturo, que tiene en su pasado el recuerdo de la madre que intentó matarlo cuando descubrió que era homosexual, es un personaje sobre el que pesan varios

---

[8] Tabori 397.

desgarramientos: la orfandad del padre suicida, la muerte de la madre, la pérdida del hogar, el desprecio del hermano, la marginación social primero, y la prisión después por su homosexualidad, y a esto se une el considerarse diferente del resto de los homosexuales, el no poder encajar ni siquiera en aquel grupo: "ellos con sus gestos excesivamente afeminados, artificiales, grotescos, ellos rebajándolo todo corrompiéndolo todo" (12). Enfrentado a todos estos exilios se inicia en la noveleta como personaje que debe afrontar aún otro exilio: el de tenerse que poner una máscara, el de tratar de mostrarse como uno más para que no le presten atención y poder desdoblarse y crear, escribir febrilmente, enajenadamente.

La puerta de salida se la brinda a Arturo la creación, que es para él la magia que está por encima del horror, el arte que lo eleva a un lugar donde sólo tiene cabida la belleza, "un mar de espumas, sólo de espumas donde uno, *él* y él, al zambullirse tocasen sólo burbujas" (87). De nuevo el característico desdoblamiento de los pronombres, esta vez para dar una connotación de identidad en la diferencia. *El*, en cursiva, es el amante imaginado, el otro, que junto a él, el protagonista, componen dos personas del mismo sexo que al fundirse en un solo pronombre crean el uno: "el dios, su dios" (89). *El* es ese amante soñado que como en un cuento de hadas —y esta noveleta también puede verse como el cuento de un hada terrible— vendría a sacarlo de todo aquel horror. Y éste *él* es también un poco él mismo, el mismo protagonista que logra fundir su dispersa personalidad en un solo él, ya que según Derrida: "La invención del otro no se opone a la invención del mismo, su diferencia indica otra sobrevenida, esta otra invención con la que soñamos, ésa del completamente otro, la que deja venir una alteridad todavía inanticipable."[9] De esta manera el protagonista de Arenas crea la obra perfecta en su imaginación, para el amante imaginario, para ese ser

---

[9] Jacques Derrida, "Psyche: invenciones del otro," *Diseminario. La desconstrucción, otro descubrimiento de América*, ed. Lisa Block de Béjar (Montevideo: Siglo Veintiuno Editores, 1990) 93.

que se hará material cuando el lugar creado alcance el momento de la perfección final: "La gran edificación estaba lista, las grandes banderas flameaban desde los salidizos y el coro de ángeles (el último requisito) también descendía para hacer la presentación" (89).

Arturo se enamora de sí mismo y se suicida ante la imposibilidad de abrazarse y amarse a sí mismo, que es de alguna forma ese imaginado *él*. Así vemos que en un nivel simbólico, ese significativo y deseado amante, puede interpretarse como una identidad narcisista: el otro-yo-muerte. En relación con el narcisismo ha observado un filósofo francés, Louis Lavelle: "Narcisse aime un objet qu'il ne peut pas posseder. Mais dès qu'il à commencé a se pencher pour le voir, c'était la mort qu'il désirait."[10] Así vemos que en la noveleta se destacan algunos símbolos característicos del mito de Narciso: el espejo, el agua, el suicidio. Arturo se asombra de su belleza, descubre que había dejado de ser un joven débil y delgado y que se había vuelto insólitamente hermoso: "innegable era que él, el Arturo actual, era una de las criaturas más perfectas del universo (...) aquel rostro terso y reluciente, aquellas manos largas y delicadas, aquel cuerpo cimbreante" (50). Y como Narciso, se mira constantemente en los remedos de estanque que puede encontrar en el campo cubano: "no desperdiciaba la oportunidad que le ofrecían las aguas estancadas de un fanguero, de una charca, de una yagua, de cualquier recipiente que lo reflejase; era hermoso, palpaba su cuerpo, se acariciaba el cabello, con los ojos cerrados imaginaba, veía, su figura esbelta, ágil, perfecta" (49). Esta nueva hermosura del protagonista, sin dudas alcanzada por la fuerza liberadora de la creación, se manifiesta por tanto también en el plano espiritual: "el poder de zafarse de pronto de la mezquina tradición, de la mezquina maldición, de la miseria siempre, el rompimiento con esa figura tenebrosa, encorvada, pobre, asustada, esclavizada que había sido él" (84). Su mismo deseo de fundirse con *él* se confunde con un deseo de fundirse consigo

---

[10] Louis Lavelle, *L' Erreur de Narcisse* (Paris: Grasset, 1939) 49.

mismo quizá en el reflejo del agua, "son las aguas, las verdes aguas (...) que se abren para que *él* las penetre, para que tú y *él* se encuentren y finalmente les otorguen su verdadera definición" (85). El narcisismo de Arturo puede de esta manera relacionarse con su angustioso sentimiento de enajenación y su búsqueda de autenticidad. En este sentido observa también Lavelle: "Tous les êtres se renvoient les uns aux autres leur propre image, à la fois fidèle et infidèle, et jusque dans la solitude, je fais appel à un étranger, qui est encore mode, et qui n'a point d'autre rôle que d'être le temoin de ce que je suis" (39). *El*, el esperado, es la imagen de la definitiva perfección del arte, de lo inalcanzable, que es también el mismo Arturo, dueño de su propia belleza perfecta, recién encontrada, quien como Narciso al mirarse en el agua no puede tocar realmente el cuerpo amado: "había tocado casi la perfección (lo insólito) o lo más cercano a ella (...) y en ese mismo instante Arturo dedujo... que la divina figura... reclamaba todo un universo perfecto" (70). Esta ansia de perfección inalcanzable, como tal, le impide juntarse a ese amado perfecto que crea en su imaginación y que por tanto es, de cierta manera, un reflejo de sí mismo: ser creado y creador.

También en *Arturo, la estrella más brillante*, el mar reaparece como símbolo recurrente del autor: en esta novela, como en otras, el mar está relacionado con lo mejor y lo más amado, con el mundo de la perfección y del arte que él imaginariamente va creando: "y es el mar, el mar y la playa que comunicarán con el castillo por túneles y pasadizos" (16). El mar representa la belleza aún dentro del horror, pues —"poco a poco descubrió que es fácil integrarse a cualquier realidad siempre que no se tome en serio, siempre que secretamente se desprecie" (23). El agua, en general, se asocia siempre a la interna necesidad de frescura, de limpieza: "aguas en pilas gigantescas (...) piscinas, fuentes, estuarios y acuarios, serpenteantes y centelleantes canales (...) agua cayendo en cascadas (...) lluvias de colores (...) aguas majestuosamente ondulantes y profundas donde *él* y él podrían navegar" (35). El mar y el agua también son símbolos de un deseo íntimo de hallar sosiego, de reposo, de este personaje desesperado, "misteriosas fluctuaciones de un mar interior, de un océano profundo y cerrado" (45).

Ya Roberto Valero, en su libro *El desamparado humor de Reinaldo Arenas*, ha explicado que la obra de Arenas no está exenta de humor, pero en esta novela lo que existe es una burla cruel, humillante, grotesca. La vida de los homosexuales en el campo de concentración es bufonesca, es una dolorosa parodia: "se reunieron para elegir a La Reina de las Locas Cautivas, Arturo subió al trono respaldado por una decisión abrumadora y se vio sobre una suerte de catafalco" (38). En plena diversión la imagen del catafalco adelanta el final del propio Arturo, anuncia la muerte del protagonista, ya que como señala Nicasio Urbina: "(...) la risa en las obras de Reinaldo Arenas más que un signo positivo... es una señal negativa, cargada de elementos agresivos y burlescos, es un signo de rechazo más que de aceptación."[11] Arturo se da cuenta de que esa triste parodia de sí mismo es lo único que ven los demás:

> Y eso es (...) lo que él había sido antes (antes de haber padecido el verdadero terror, el desprecio, la soledad), ¿eso era realmente lo que ahora, lo que siempre, los demás se imaginaban que era él, lo que realmente veían? (...) risita ahogada o confuso aullido, todos hundiéndose, perdiéndose o dejándose esclavizar, sin poder protestar (...) no podía ser auténtico ni siquiera en el momento de manifestar su terror (...) condenado siempre a habitar un sitio donde sólo tienen sentido y lugar las frustraciones, donde no caben más que el meneo o la burla. (38-40)

En esta novela, el escritor cubano esboza su concepto del arte, que para él es ese momento de la creación artística que eleva al ser humano por encima de todas las mezquindades: "y en ese espacio sin atmósfera él ascendía, él ascendía, ascendía conducido, liberado, por los impulsos de su genio" (10). El arte se hace

---

[11] Nicasio Urbina, "La risa como representación del horror en la obra de Reinaldo Arenas," *Hispanic Journal* 13. 1 (1992): 111 - 121.

por sí solo, parece decir Arenas, con la fuerza de su belleza y de su necesidad expresiva, y el autor en realidad no es más que el canal de la expresión artística. Este concepto recuerda el análisis de Allan Megill sobre Blanchot, para quien "Socrates is dismayed by the silence of writing, which is similar to the silence of art's majestic silence, a stubborn dumbness... informing art with the awe of sacred forces."[12] Desde este punto de vista puede decirse que *Arturo, la estrella más brillante* no es una obra totalmente creada por el autor, sino que es creada por esa fuerza sagrada, misteriosa del arte, que toma al escritor como vehículo de manifestación, en que el artista pasa a ser "un instrumento, un simple artefacto y que la gran melodía, la gran creación, la obra, surgía, surgiría, estaba allí inexorable y que sencillamente lo utilizaba como pudo haber utilizado a cualquier otro" (11).

Aunque la muerte es una premonición constante en esta noveleta,[13] a diferencia de otros personajes arenianos que hablan desde la muerte, el protagonista de *Arturo, la estrella más brillante*, vive para una ilusión o alucinación. De esta manera, Arturo comparte con el personaje de *El portero* una suerte de espejismo, vive para otra causa, o para otro tipo de evasión, para una obra, para una búsqueda, que lo saca de la vida diaria enajenada, vacía y atormentadora. Es un protagonista cuyo sentido de misión irrumpe en el discurso para recordar que el arte es también una denuncia, un testigo permanente del horror, un testimonio imperecedero contra todas las dictaduras. Arturo, en realidad, está sentenciado a muerte desde que entró al campo de trabajos forzados, "y por un tiempo consideró que hasta el hecho de seguir viviendo era una traición

---

[12] Allan Megill, *Prophets of Extremity* (Berkeley: University of California Press, 1985) 287.

[13] Como aclara el autor en una nota al final, esta novela tiene como trasfondo un hecho real: el fusilamiento del joven escritor Nelson Rodríguez, quien es condenado por haber intentado secuestrar un avión para huir de Cuba, en un acto desesperado y suicida. Por lo tanto, la novela, desde su inicio, tiene una proyección suicida, como también la tiene el acto final de Arturo.

a la vida pues no era más que padecer pacientemente una abyecta sucesiva estafa que culminaría en una estafa mayor" (52). El personaje está marcado por una evidente intención suicida porque, aunque se da cuenta de que solamente a través de la belleza creadora se pueden alcanzar la libertad y la plenitud, también el arte que ha logrado, al final, resulta una estafa más, una especie de trampa, que lo conduce a la ansiada muerte, al suicidio presentido, que como en otras novelas vuelve a ser el gran liberador: "y he aquí que el muy cretino venía corriendo hacia ellos, ahora, pensaba el subteniente ahogado por la furia (...) y levantaba el arma apuntando hacia Arturo" (90). A pesar de su intento, el arte no pudo rescatar a Arturo, porque la realidad opresiva e inevitable en la que vivía resultó ser más fuerte que el arte y la belleza, y su desarraigo mayor aún. Así vemos en la escena final que el protagonista corre hacia el límite fantástico de su creación solamente para encontrar en esa barrera imaginaria la muerte personal ineluctable de la cual ni el arte le pudo salvar. En cambio, ya fuera de su país, viviendo en el exilio exterior, con sus novelas *El portero* y *Viaje a La Habana*, el suicidio deja de ser la única salida para sus personajes, y sutilmente se observa que cede el tono obsesivo y angustiado de la desesperación y una cierta esperanza empieza a prevalecer en sus personajes.

Viaje a La Habana, la esperanza del amor

Viaje a La Habana lleva un tono nuevo a la novelística areniana: la esperanza del amor. Después de obras en que los personajes no llegan nunca a realizarse en el plano sentimental, esta noveleta, desde una situación extrema, y como una incestuosa y terrible parodia, es la conclusión de las enajenadas búsquedas eróticas del autor. Como *El asalto*, *El color del verano* y *Arturo la estrella más brillante*, *Viaje a La Habana* representa una catarsis en la que Arenas libera todas sus ansiedades y tormentos de hijo abandonado a través del personaje de un hijo que ama y finalmente tiene una relación incestuosa con el padre que lo abandonó siendo muy niño. *Viaje a La Habana* corresponde al último ciclo de las noveletas de Reinaldo Arenas y presenta, como *El portero*, una estructura abierta. En esta noveleta el autor deja abierta la puerta a una solución que está fuera del texto, para que el lector pueda recrearla a su gusto. No se advierte ya en estas obras ese círculo cerrado y excluyente de la pentagonía, sino que la distancia y el tiempo han limado o equilibrado un poco la desgarrada desesperación del autor. Con esta noveleta y *El portero* Arenas parece haber llegado, tras el final de un ciclo terrible, a una etapa que podría haber abierto su obra a nuevas dimensiones estéticas o a insospechadas búsquedas espirituales.

Aunque esta noveleta lleva el mismo título que la obra de la escritora cubana del siglo XIX, la Condesa de Merlín, *Viaje a La Habana* no es una reescritura al modo de otras obras de Arenas, sino que la noveleta se estructura sobre una cita de la obra de la escritora cubana que aparece en la primera página: "¡Sólo encuentro un montón de piedras sin vida y un recuerdo vivo!" La memoria y el tiempo son factores clave en esta obra que conjuga la desesperación del repudio y el ostracismo, el desdoblamiento y la añoranza del exilio territorial, con el regreso del desterrado. Sin embargo, el regreso hace al protagonista sentirse doblemente ajeno tanto a su país de origen como al nuevo, y con un desarraigo universal porque ya no pertenece a ningún país, solamente tiene un recuerdo lacerante: "Y cuando (...) volviera a Nueva York, entonces estaría en el terror absoluto, pues ya sabría definitivamente que aquel mundo, que nunca sería su mundo (...) era lo único que tenía." (160)[14]

Esta breve novela de sólo ochenta páginas sólo está dividida por algunos espacios en blanco. Sin embargo, no está escrita como *Arturo, la estrella más brillante* en un tono jadeante y apresurado, sino en un tono mesurado que se corresponde con la lentitud del recuerdo y de la nostalgia, en una especie de

---

[14] Las citas corresponden a la edición de *Viaje a La Habana* (Miami: Ediciones Universal, 1990).

tiempo imaginario, de futuro previsto. La trama se desarrolla en diciembre de 1994, y el autor murió en 1990. Está narrada en la tercera persona del singular, pero el yo personal irrumpe en medio del discurso sólo aclarado por las cursivas: *"Qué gesto, qué expresión de indiferencia, de desprecio o de despreocupada camaradería, hacer ante ellos para que el que me vigila se dé por derrotado y no pueda consignar en su agenda: "maricón."* Y él bien sabía que sólo con la unción a uno de aquellos cuerpos varoniles y jóvenes encontrarían sus furias algún sosiego." (117)

También *Viaje a La Habana* es una novela dominada estructuralmente por el empleo del tiempo y el espacio. Hay dos espacios. Uno es Nueva York, el lugar de los veinte años de exilio de Ismael, y el otro el de la isla antes del exilio y la isla del regreso, y dentro de este mismo espacio, su pueblito de Santa Fe. El regreso une el primer tiempo del hijo y la mujer, del rechazo y la prisión, con el tiempo del destierro. La noveleta, aunque no está dividida por capítulos, consta de dos partes que pueden identificarse perfectamente: la primera en New York marcada por la carta que le envía Elvia y que anuncia el regreso; la segunda parte en Cuba. En ambas partes prevalece la narración en pasado. Su vida de exiliado en New York está determinada por el pasado imperfecto del verbo que acentúa el tono añorante y la lenta cadencia de la oración: "Nevaba tan copiosamente que desde la ventana toda la ciudad desaparecía (...) a veces la nieve no caía, sino que (...) se elevaba" (116). El recuerdo irrumpe en la memoria del protagonista, quien ya no es un joven como los de las novelas anteriores, sino un hombre maduro, reposado; por tanto, el discurso también corresponde al tono más mesurado y reflexivo de la madurez: "Y allí estaba él, con treinta años o menos, queriendo, queriendo precisamente demostrar que admiraba lo que aborrecía, que aborrecía lo que verdaderamente deseaba" (117). En la segunda parte el pretérito simple se alterna con el presente en los diálogos: "todos le estrecharon la mano a Ismael y le dijeron que esperaban volverle a ver. No sé como todavía tienen ganas de reírse

(...) Tú también te reíste" (159). En esta obra también los pronombres demostrativos y los adverbios de lugar cumplen la misma función de demarcar los espacios de exilio y de servir como de reflejos en ese juego de espejos constantemente empleado por Arenas: "Sí, él mismo, allá, contemplándose acá (¿el Ismael de allá?, ¿el Ismael de acá?)" (136-137). Cede el tono desesperado de la polaridad "aquí-allá" de los ensayos de Arenas, escritos en los primeros años de su exilio, para dejar lugar a la certeza de que en cualquier espacio ambos son la misma persona, atados a un idéntico pasado, porque para el emigrado, "cuando el paso del tiempo cicatriza su herida, su trasplante llega a parecerse a una cicatriz indeleble" (Ilie, 107). El desterrado lleva su dolor como una segunda piel. Por eso, el protagonista de *Viaje a La Habana* se rebela ante la idea de volver: "¡Cómo volver al lugar que nos ha marcado y destruido para siempre!" (134). Lucha contra el deseo incurable de todo exiliado de regresar, que finalmente lo arrastra, porque sabe que todo destierro es, de alguna manera, definitivo:

> *Porque una vez que dejamos el lugar donde fuimos niños, donde fuimos jóvenes, donde pensamos, estúpidamente pensamos, que podía existir la amistad y hasta el amor; una vez que abandonamos ese sitio donde fuimos, desgraciados e ingenuamente ilusionados, pero fuimos, seremos ya para siempre una sombra, algo que existe precisamente por su inexistencia, esta sombra, esta sombra extirpada (y sin consuelo) de su centro.* (134)

El protagonista irrumpe en la narración, y abandonando la primera persona toma, como veremos en *El portero*, la voz plural de todos los exiliados. Las imágenes del destierro toman fuerza con la repetición de la palabra "sombra", unida al demostrativo "esta sombra," la sombra de aquí, del exilio, a la que el adjetivo "extirpada" añade la idea de la desmembración, de la dolorosa ruptura con el origen.

El motivo de la fuga, esa constante areniana, surge también con el mismo sentido de huida existencial. Ismael está condenado a ser un extraño. Su matrimonio no fue más que un huir de sí mismo, un refugiarse en una mujer para que la sociedad lo aceptara: "Cuánta soledad cuando precisamente lo suponían plenamente acompañando (...) Así, para cumplir todas las reglas tuvo un hijo" (118). Trata de negarse a sí mismo, de ser quien no es, y se convierte en un ser menos auténtico aún y más alienado todavía. Pero este protagonista entiende también a la mujer, en él no hay misoginia. Se identifica con ella, de tal modo que, como en obras anteriores del autor, hay un juego de espejos, de dobles, en que la mujer es como su otro yo, o es casi él mismo:[15]

> Hasta qué punto ella era él mismo. Sí, él mismo, allá, contemplándose acá, realizando tantos trabajos, padeciendo tanta crueldad, imponiéndose tantas disciplinas para no verlo a él allá, para no verse de una vez, los dos mirándose, ambos solos y desesperados... esgrimiendo poderosas razones para que uno de ellos (¿El Ismael de allá? ¿El Ismael de acá?) saltase definitivamente la barrera y fuese a su encuentro. (136)

No hay ese rechazo o rencor hacia la mujer de otras obras. Elvia es "aquella mujer a la que en cierta forma él había amado y, sobre todo, hecho sufrir" (136). Es una novela de madura compasión. Por eso a este personaje le duele engañar a la mujer y hacer que ella viva también una vida falsa. "Ismael sintió pena, no por él —por quien la sentía siempre— sino por ella, por Elvia; toda su vida, pensó, dedicada a alguien que no existe (...) haciéndole de esposa, de mujer, de madre a una sombra" (119). Sin embargo, esa contención estalla un día en que tiene una relación con un joven, y éste resulta ser un delator. Arenas parece decir que bajo un sistema totalitario nada es auténtico, nada es verdadero: "ahora sí que no le quedaba la menor duda, que toda entrega, aún la más apasionada y sincera, es una maldición en un sitio donde precisamente sólo la hipocresía conduce al triunfo, es decir a la supervivencia" (127).

Los recuerdos de la prisión a que es condenado por homosexual tienen el mismo tono autobiográfico de las novelas anteriores; de hecho, hay breves

---

[15] Ver el juego de dobles femeninos en *El palacio de las blanquísimas mofetas* y en *Otra vez el mar*. En esta última obra el personaje homosexual también está casado y tiene un hijo.

párrafos que recuerdan vivamente los sucesos de su autobiografía: "De allí fui conducido hasta la prisión del Morro y llevado a una galera con 250 presos comunes" (125).[16] A partir de entonces vive para lograr ser libre: en un plano personal, dominando las fuerzas del sexo, imponiéndose a sus deseos para ser dueño absoluto de sí mismo. Ya Lourdes Tomás ha señalado en otra novela de Arenas, *El mundo alucinante*, este rechazo del sexo como forma de trascender a la libertad absoluta, al afirmar que, "la sexualidad es sólo una prisión o esclavitud más, que Servando, símbolo él mismo de la libertad total a que aspira, esquivará exitosamente..."[17] Ismael, por su parte, también esquiva toda tentación física en la cárcel, porque su mundo "no está en esta isla condenada, ni mucho menos entre esos cuerpos condenados" (127). A partir de ese momento, Ismael vive para el momento de poder huir de aquel país: "Primero que nada debo salir de aquí. Después escogeré o me adaptaré a la desgracia que más me convenga" (127). De esa manera, en la constante búsqueda de la libertad que se refleja en la obra areniana, el protagonista, ya en el extranjero, vive veinte años forjándose una soledad y una libertad absolutas, exiliado de su tierra y de su propia sexualidad. No permite que nada le ate, ni siquiera el placer sexual. "Cuántos días, cuántos años robados a la desesperación, a la soledad y a la furia para crearse una disciplina, un método lógico de vida, una vida independiente, libre, desasida" (135). Y aunque ahora vive en una sociedad que no condena su vida privada, se mantiene solo, dominando férreamente sus instintos, para ser libre:

> Lo primero que se prometió al llegar a Nueva York fue no perecer, luego no entregarse nunca a nadie que no sea él mismo (...), y sobre todo no tratar de expulsar la soledad, sino, todo lo contrario, buscarla, perseguirla, defenderla como un tesoro. *Porque de lo que se trata no es de renunciar al amor, sino de darlo por descartado, comprender que no existe esa posibilidad, y luego disfrutar ese*

---

[16] Consultar el capítulo "La Prisión" de su autobiografía, 203-255.

[17] Lourdes Tomás, *Fray Servando alucinado* (Miami: Iberian Studies Institute, University of Miami, 1994) 141.

conocimiento. (131)

En el desgarramiento de este personaje y su búsqueda de una soledad liberadora se aprecia también un ansia de salir de todo molde encasillador, incluso el de una patria —que por otra parte sólo es dolor—, de una nacionalidad, de una identidad, para ser aun más libre: "¿Cubano? (...) ¿qué tenía él que ver ya con aquel país, con aquella gente resentida y esclavizada, acobardada e hipócrita? No, ya él no pertenecía a esta realidad, pero tampoco, pensó, pertenecía a la otra (...) donde vivía desde hacía quince años" (160). Con este monólogo parece decir que el verdadero ser humano, el que se lleva por dentro, es o debe ser alguien más allá de cualquier frontera limitadora, más allá de cualquier territorio, cultura, o forma de expresión: un simple individuo, universal y solo, que no debería estar atado por las barreras, amorosas o tiránicas, de una patria. No obstante, esa pregunta no deja de tener el tono angustioso del hombre atrapado en un destino que lo ha dejado fuera. Alguien que ya no es de aquí ni de allá, que está en la línea invisible demarcada por una única frontera: el exilio, esa dimensión donde el ser humano ya no pertenece a ningún lugar. Por eso el sentimiento del exilio no deja de aflorar a veces, a pesar del tono más mesurado de esta obra, como una ruptura atormentadora. A través de Ismael, el autor analiza a sus compatriotas en exilio con menos burla e ironía que en otras novelas: "Pobre gente, buena gente en definitiva, que de una u otra manera han perecido, viviendo siempre en una suerte de vaivén, ni aquí ni allá recordando, añorando siempre lo que no existe, muriéndose día a día de nostalgia, sin reventar como sería mejor para ellos de un solo estallido" (130).

Pero Ismael finalmente regresa a su tierra, veinte años más tarde y se da cuenta de que su desarraigo es mucho más profundo que el de la sola separación de su país:

> Y otra vez una sensación de soledad sin tiempo, ni subterfugios para evadirla, un desarraigo que estaba más allá de todas las

circunstancias, de toda patria recuperada (cosa por lo demás imposible), de toda juventud rescatada (cosa por lo demás imposible), de todo deseo y hasta de toda felicidad alcanzados (cosas por lo demás imposibles) lo invadió. Era un destierro cósmico que precisamente por ser perfectamente implacable no tenía ni siquiera una explicación plausible, y menos aún, alguna solución... (166)

El desarraigo del protagonista es profundamente interno y existencial, e incluso va más allá de su ostracismo como homosexual y de su propia autorrepresión. Es un sentimiento universal, una certeza angustiosa de que el ser humano está solo con su vida, absolutamente solo. Sin embargo, en esta obra hay un acercamiento, extraño, impreciso, a un sentimiento casi religioso, a una búsqueda de asidero interior. "Sentía por ellos demasiada piedad para poder desearlos" (116). Hay piedad y compasión en la novela; donde antes hubo furia y cinismo, hay ternura y comprensión; donde hubo erotismo y promiscuidad, hay ahora un hombre homosexual maduro que lleva con dignidad su condición y que no está dominado por sus impulsos y deseos, sino que ha podido durante muchos años dominarlos a ellos.

También el paisaje está contemplado con esta nueva mirada madura y más calmada del autor. El Ismael desterrado no muestra un rechazo total al paisaje como se observa en otras novelas del autor: "Una vez más el espectáculo de la nieve lo fascinaba e intrigaba, ¿cómo llamar tormenta a algo que caía tan majestuosa y suavemente?" (116). El blanco que antes fue el aguacero es ahora la nieve, si el aguacero era un estruendo blanco, la nieve blanca es silencio. En esta etapa el silencio toma el lugar del ruido y de la dispersión: "la ciudad desaparecía envuelta en aquella ráfaga de blancura. A veces la nieve no caía sino que súbitamente se elevaba en torbellinos silenciosos... El Hudson era una simple cordillera blanca" (116). Puede hallar belleza en el paisaje nevado. La nieve no es su enemiga. Ha entrado después de años de exilio en un proceso de aceptación o de cierta conformidad con el paisaje que le rodea, el cual, en definitiva, le ha dado una cierta paz interior.

Por primera vez la palabra amor, escrita con letra mayúscula, es parte de la vida de los personajes de Arenas. Pero también, quizá para no contradecir demasiado su propia manera transgresiva y chocante de narrar, es un amor incestuoso, en el que da rienda suelta a sus propios fantasmas y neurosis: "Amor. Aunque a algunos les pudiera parecer cursi y a otros terrible. Esa era la palabra" (168). Ismael cree que el amor, como a Arturo el arte, viene a salvarlo de todos su horrores. "Yo te amo. Yo, yo... te amo... Tú significas para mí la certeza de que a pesar del horror, del peor horror, el ser humano no puede ser aniquilado" (173). Ve en Carlos, repetida, toda su juventud esclavizada. Carlos es el símbolo de su juventud perdida: "en una figura joven, aún esbelta, aún deseada, yo, yo, yo, paseándose bajo aquellos árboles, pisando con fruición las hojas y la yerba húmeda" (138). El encuentro con el joven es un encuentro consigo mismo, con todo su pasado: "no era posible, no era posible que él tuviera ya cincuenta años" (145), y Carlos significa la última esperanza de recuperar ese pasado. Sin embargo, para no ser tan absolutamente cruel, Arenas deja libre a su protagonista de toda culpa en el incesto, porque el padre no sabía que el joven era su hijo. Por lo menos en la novela no se evidencia que él lo sepa. Ismael nunca había vuelto a saber del hijo y lo abandonó muy niño. Sin embargo, el narrador da ciertas claves que van prefigurando la relación incestuosa: "Ismael sentía una curiosidad casi morbosa por conocer a su hijo" (138). El muchacho en cambio sí tiene una relación homosexual con el padre a sabiendas. "Yo sabía que tú eras mi padre y eso me alegraba, y tú sabías que yo era tu hijo. No trates de engañarte, porque yo no te engañé" (179). El protagonista parece aceptar esta situación y la novela termina con una cena de Navidad en que están los tres reunidos, e Ismael le promete a Elvia, su esposa, traer a su hijo-amante para Estados Unidos: "—Ismaelito sabe que yo haré cuanto pueda, y aun más para resolver su salida" (181).

En *Viaje a La Habana*, como ya se ha observado, aparece un cierto acercamiento religioso. El viaje se produce en Navidad y en la novela se percibe el concepto cristiano de la Navidad:

> —Nochebuena, Navidad... fiesta ancestral y única que se desparramaba sobre aquella región esclavizada, trayéndole el espíritu, aunque las leyes lo prohibiesen, de un acontecimiento único. El nacimiento de un niño, un campesino de padres imprecisos y, que él, por lo mismo, consideraba dioses, que vino a inmolarse, a entregarse, a crucificarse, para que el mito de la vida es decir, del amor, no se extinguiese. (168)

Este personaje areniano ya es capaz de creer que el amor salva y que de alguna manera Jesús vino como salvador de la vida y del amor: "Porque sólo había una palabra, allí y en cualquier otro sitio, pensó Ismael, contradiciéndome, ya lo sé, que pudiera salvarnos, y esa palabra no era otra, no podía ser otra que aquella vieja y maltratada palabra..." (168). Se podría sugerir que el nombre de Ismael pudo haberlo tomado del personaje bíblico, el hijo de Abraham con la esclava, a quien éste abandona en el desierto. El Ismael bíblico es un hijo abandonado como Carlos en esta noveleta, y como el propio autor en la vida real.

En la última parte de la noveleta el autor describe una escena que pudiera tener afinidades en algunos aspectos, a manera de parodia, con el calvario de Cristo. También Arenas parece decir que para el exiliado no hay tierra prometida, ni patria que le espera, y que el regreso puede convertirse en un calvario: "parecía un loco. Qué otra cosa podía ser aquel viejo (...) que arrastraba un tronco carcomido por toda la orilla del mar. Y como loco fue tratado por la pandilla de delincuentes, quienes (...) comenzaron a tirarle piedras (...). Ismael se cayó varias veces, pero tomando el tronco se incorporó y siguió avanzando." (178)

Reinaldo Arenas parece querer justificar su propia vida, y así podemos ver que el narrador entra en el discurso para explicar lo que significa para él la vida, que ve como un riesgo constante, pero un riesgo vital que hay que tomar: "la lenta muerte ante una seguridad sin sentido ni brillo, prevista, mezquina aun en sus goces triviales, ajena a toda explosión vital, a toda grandeza y por lo tanto a todo riesgo... qué mejor tributo a la vida que estallar precisamente por haber vivido" (175).[18]

Tanto con *Viaje a La Habana* como con *El portero* se pone de manifiesto que el exilio va nutriendo con nueva savia la obra de este escritor, y va enriqueciendo sus temas y su estilo. Y que tal vez, Reinaldo Arenas estaba comenzando ya a entrar en esa etapa de su obra creadora, y de su vida, en que, como señala Jorgelina Corbatat en relación con otros autores exiliados: "Enfrentado a lo nuevo, el creador asume una doble condición: la de testigo distanciado y la de protagonista; busca integrarse, sin perder lo que le diferencia, a la vez que se nutre de lo diferente. Esa superación por las fronteras impuestas por la existencia de razas, límites nacionales, ideologías... —si se logra— le concede al creador una mayor universalización."[19] Esa mayor universalización se observa en *El portero*.

El portero: la búsqueda de la esperanza

El portero,[20] publicada en 1990, marca un cambio o una nueva etapa en el universo novelístico de Reinaldo Arenas. La novela muestra una aproximación al ámbito espiritual y por tanto a una esperanza que no existe en las novelas de la pentagonía. En esa saga agónica el mismo personaje desesperado, que en gran medida es el mismo autor, narra su historia que es también la de su país. Arenas novela su pentagonía sobre la historia al igual que hace novela de su vida sumergida en la peor parte de esa historia. A diferencia de la pentagonía, *El portero* ya no se centra en Cuba, sino que está contada desde la perspectiva

---

[18] Con esta afirmación el autor parece justificar la enfermedad que lo llevó a la muerte.

[19] Jorgelina Corbatta, "Metáforas del exilio e intertextualidad en *La nave de los locos* de Cristina Peri Rossi y *Novela negra con argentinos* de Luisa Valenzuela", *Revista Hispánica Moderna* 47. 1 (1994): 167-83.

[20] Las citas tomadas de *El portero*, corresponden a la edición de (Miami: Ediciones Universal, 1990).

también agónica del exilio territorial; es la agonía del desterrado, del enajenado que busca un sostén, una luz o una puerta para que algo, no sabe qué, tenga un poco de sentido.

Como ha señalado Ottmar Ette, con esta novela Reinaldo Arenas se estaba aproximando a un nuevo ciclo de su producción literaria. En ella este crítico vio "el germen de un nuevo ciclo borrado por la desaparición del autor" (131) que se presenta desde la visión del exilio territorial, con los cambios que implican el roce con una nueva cultura y más específicamente con el hecho de vivir y actuar en libertad, en una nueva etapa, a la que corresponden en cierta medida, como señala Ilie, las "características positivas de exilio" (122). Para Arenas estas características se evidencian en poder producir y crear afanosamente y que su obra llegue al público. Al mismo tiempo que la libertad le va suavizando sus furias, el escritor empieza a explorar nuevas dimensiones en su creación artística. De esta manera se observa que en *El portero* no se manifiestan ni la violencia ni el lenguaje corrosivo de obras anteriores. Está narrada en la primera persona del plural, es decir por un grupo de exiliados que quieren contar "la historia de Juan, un joven que se moría de penas" (11). Con esta primera oración que recuerda el comienzo de un cuento infantil y el inicio del sexto versículo del evangelio de San Juan: "Hubo un hombre enviado de Dios, el cual se llamaba Juan", el autor se separa y parece decir que la novela la narra no un autor culto, sino que es un pueblo, una comunidad quien cuenta la historia, un poco a la manera de la tradición oral. Tampoco aparece en esta obra el erotismo violento y desesperado que permea otras novelas del autor. Este personaje no es homosexual como sí lo son casi todos sus protagonistas. Juan, *El portero* es más bien un hombre asexual, cuyos deseos físicos no aparecen con frecuencia en la novela: "Si el portero había aceptado casi con alegría el hecho de considerarse el prometido de Mary Avilés, no era porque desde el punto de vista físico ella le interesase más que cualquier otra mujer —ninguna, en verdad, le interesaba demasiado" (83). Cuando tiene relaciones sexuales lo hace más por complacer a la otra persona: "¿no era una falta de respeto acostarse con la señora Hill? Pero no hacerlo y marcharse, ¿no podía considerarse un desprecio y hasta una falta de consideración hacia su superior?" (21). Y hasta cuando hay un acercamiento por parte de los dos homosexuales inquilinos del edificio, Juan no protesta, porque su interés es poder hablarles de "la puerta", que para él es un camino de salvación. El mismo narrador comenta que "su nobleza o su ingenuidad no le permitían dejar sin complacer a nadie" (32), ni siquiera a estos dos patéticos y frustrados homosexuales: "se arrodilló ante Juan y comenzó a desabotonarle los pantalones. En tanto nuestro portero permanecía indeciso. ¿Debía marcharse y perder entonces la oportunidad de intentar despertar el interés de aquellos seres infortunados en la misteriosa puerta?" (64)

La novela tiene una estructura bastante lineal. Está basada en unos manuscritos dejados por el protagonista, con lo cual el autor parece querer darle a la novela un tinte testimonial, biográfico. La divide en dos partes. En los primeros diecinueve capítulos cuenta la historia de Juan y de los inquilinos del edificio. En la segunda, de treinta y un capítulos, los animales, que son los únicos que han comprendido la búsqueda del protagonista, se acercan a éste para alcanzar la puerta soñada. Las dos partes terminan con un corto párrafo que titula "La puerta". A la última parte le añade las Conclusiones y al final un anuncio de periódico que ofrece una recompensa para quien encuentre a la perra Cleopatra. Con este anuncio de periódico deja un final abierto para que el lector imagine o recree lo que pudiera haber pasado.

Aunque Arenas fue muy preciso en cuanto a la pentagonía, y él mismo señaló la característica totalizadora de su obra, no hizo muchas aclaraciones en cuanto al lugar que *El portero* tiene en su producción total. La novela está dedicada e inspirada en un personaje concreto de su vida, su amigo Lázaro Carriles: "Visitando a Lázaro en la puerta de su edificio saqué la mayor parte de las ideas de mi novela *El portero*" (*Antes que anochezca*, 331). En esta novela el autor se separa un poco más de su personaje, ya no hay un autor testigo como en las anteriores, aunque las vivencias del autor son similares a las del protagonista.[21] La búsqueda de la puerta por Juan presenta una cierta esperanza metafísica en el mundo desesperado de Arenas. En esta novela se persigue una estela ascensional que se abre al infinito espacio de libertad detrás de la puerta que Juan sabe que existe, en alguna parte o en alguna otra dimensión de salvación, la cual se abre a los animales y a las cosas en el plano de la imaginación, donde no hay exilio, donde cada persona puede ser una consigo misma y subir, "remontando el cielo, para siempre, para siempre" (137).

En *El portero* también cede el tono de la violencia verbal que permea gran parte de la producción literaria de Reinaldo Arenas. Juan es un protagonista que busca la luz; él mismo es "la luz, el que vigila, el que tiene que abrir todos los túneles..." (23).[22] A pesar de que el autor no ataca, como en otras obras, de modo tan constante a la tiranía causante del exilio de su protagonista, y del suyo propio, las consecuencias de ésta se perciben en la historia de Juan, ese joven ingenuo, desasido, que no cabe en ninguna parte, siempre ajeno, pero en el que vibra un trasfondo espiritual lleno de principios morales: "Es la historia de alguien que, a diferencia de nosotros, no pudo o no quiso adaptarse a este mundo práctico; al contrario exploró caminos absurdos y desesperados" (12). *El portero* es más bien la consecuencia del exilio, lo que queda después del desgarramiento. Sólo al final, el joven portero, al que sigue un ejército de animales, puede convertirse en "un arma secreta y fulminante" que puede liberar a Cuba, porque "un pueblo en exilio, y por lo tanto ultrajado y discriminado vive para el día de la venganza" (155).

La enajenación del protagonista es doble en esta novela. Además del

---

[21] Arenas vivió casi todo el tiempo de su exilio en New York, y mucho de lo que describe es parte de sus vivencias.

[22] Todas las citas en cursivas son del autor, que las utiliza con frecuencia.

desarraigo de la patria, Juan sufre un desarraigo existencial, es un ser humano diferente, cuya ingenuidad, de loco o de niño, no encaja en el mundo práctico. El personaje no se adapta al medio, vive una vida prestada, que no es la que debió haber tenido. En relación con su propia persona, el autor mismo comenta, en su entrevista con Jesús Barquet, el sentido de privación ontológica que para él tiene la condición de exiliado: "Yo estoy en el mundo de un exilio digamos cósmico (...) Una persona en el exilio no existe, porque de hecho uno pertenece a un contexto, a una manera de sentir (...) y como tú te trasplantas para otro mundo (...); tú eres aquella persona que se quedó allá." (En Ette, *La escritura de la memoria*, 88-89)

En contraste con su espiritualidad de orden contemplativo, Juan, *el portero*, hace un trabajo mecánico en el cual tropieza con los seres más enajenados en un edificio que es un micromundo de New York, con personas que no escuchan y donde el desarrollo técnico y el progreso científico van de la mano con la desesperación y la soledad: "Un sentimiento de desesperación se apoderó de nuestro portero después del encuentro con el encargado y la visita del señor Rozeman" (77). No le es posible hablar. Todos están siempre tratando de decir sus propios discursos; dicen, no hablan, y sólo están atentos a sus propias necesidades. Juan es para los inquilinos como otro aparato mecánico más y su única función es abrirles la puerta. Precisamente ésa es la preocupación que no puede comunicarles: la puerta mágica, simbólica, con la que sueña: "(...) porque de pronto nuestro portero descubrió o creyó descubrir que su labor no se podía limitar a abrir la puerta del edificio, sino que él, *El portero* era el señalado, el elegido, el indicado (...) para mostrarles a todas aquellas personas una puerta más amplia y hasta entonces invisible o inaccesible (...) la de la verdadera felicidad." (13)

Cuando *El portero* trata de hablar de su puerta —que no es más que la salida posible de un mundo lleno de mezquindad, de falsedad y apariencias— otro de los personajes enajenados, la señorita Reynolds le responde fría e indiferente: "por favor, no me vuelva a hablar más de puertas" (59). Esta avara, quien por no gastar, es decir por no compartir, tiene en lugar de un perro de verdad un perro de trapo, no quiere escuchar, porque en su misma inmensa y solitaria alienación, conversar significa una entrega y la señorita Reynolds no puede entregarse, su egoísmo no se lo permite. Todos los personajes tienen algún grado de locura, pero éste es uno de los más desolados de la novela, porque su locura no tiene la chispa de esperanza, es decir de fe, de Juan; la suya es una locura amarga. La puerta que obsesiona al protagonista, es una puerta de salida a un mundo mejor, o de regreso a un paraíso perdido que ha sido creado precisamente por la profunda nostalgia y desarraigo del exilio del protagonista. La búsqueda de esa puerta da sentido a la vida del personaje. La puerta es su tabla de salvación, la posibilidad de salir del mundo que le cerca, porque como afirma Jean Baudrillard, "when the real is no longer what it used to be, nostalgia assumes its full meaning. There is a proliferation of myths of origin and signs of reality of second-hand or truth, of objectivity and authenticity."[23] El personaje exiliado se crea un símbolo, la puerta que le puede sacar de aquel paisaje que no quiere aceptar, que no puede reconocer como suyo, que lo aleje de los otros personajes que nada buscan ni esperan, una puerta por la cual escapar de aquel mundo del cual no puede formar parte: "por el cielo se balanceaba un zeppelin de la Good Year. Su abultada estructura de aluminio se sumergía y se elevaba como un pez gigantesco. Más allá, una pequeña escuadra de helicópteros (...) semejaban un molusco" (22). El paisaje que Juan contempla es un paisaje deshumanizado y triste, ajeno al de sus recuerdos: "Lluvia. Era esa lluvia lenta e ininterrumpida que en Nueva York precede al invierno y que nos cala más allá de los huesos", la cual le trae a la memoria el paisaje añorado de "lluvias cálidas, claras y torrenciales que levantan olores a yerba fresca y a tierra brillante y viva" (55). Y ante ese paisaje al protagonista

---

[23] Jean Baudrillard, "Simulacre and Simulations," Brooker 150.

cercado por la nostalgia no le queda más remedio que buscar un símbolo, una puerta "u otras puertas... que los conducirán a lugares donde se sentirán mucho mejor" (65).

El portero corresponde a la etapa un poco más lejana del exilio en la que ya su autor, como plantea Oliver Williams "entró en ese claroscuro de la memoria/olvido propicio para la transformación de la realidad en metáfora."[24] Esto es lo que ha hecho Arenas en esta novela donde Cuba sólo se percibe como una ausencia, como una lejana nostalgia. Ahora es la memoria la que manifiesta el dolor de toda una comunidad. Por eso, en gran medida, ésta es la novela de toda la comunidad cubana exiliada que mantiene la memoria del dolor y de lo que fue, aunque a veces sea "a través de una enorme niebla (...) como si una espesa cortina cayese entre aquel sitio donde una vez fuimos porque sufrimos y este otro donde ahora sobrevivimos y no somos porque ya no soñamos" (138). El exilio territorial es motivo presente en toda la novela. Pero no se trata únicamente del exilio personal del cubano. Arenas comunica también el dolor de todo ser humano alienado de su elemento natural, que se afana y se automatiza en las grandes ciudades, alejado de la naturaleza y de la sencillez, un ser humano que vive enajenado de su medio vital y deseando siempre "un viaje hacia el sur, hacia el sur, hacia el mismo borde donde la frontera limita ya con el horror" (138), pero donde está la raíz, el lugar al cual pertenece.

El portero es una novela totalmente narrada en la primera persona del plural, "nuestro portero" (21). Con este aparente distanciamiento se profundiza la punzante ironía que permea la novela, como una burla al mundo del exilio cubano. Pero es una burla irónica, y al mismo tiempo afectuosa, en la que se evidencia ese humor desolado que ya ha analizado Roberto Valero, y que en esta novela adquiere un tono condescendiente y esperanzador: "Somos gente

---

[24] María Rosa Oliver Williams "La literatura uruguaya en el proceso. Exilio e insilio, continuismo e invención," *Nuevos Textos Críticos* 3.1 (1990): 67-83.

ocupadísima y no podemos dedicar toda nuestra vida a este caso" (15). El mismo autor señala el método del distanciamiento: "si nos alejamos del hombre no debería ser para odiarlo sino para podernos burlar de él cómodamente" (133). Para el autor el juego es en fin "la medida de todas las cosas" (133). Pero este narrador múltiple también le sirve para eliminar cualquier punto de vista personal, incluso el del propio Arenas. El tono paródico no llega a ser burla cruel, porque como dice Jameson "a good or great parodist has to have some secret sympathy for the original."[25] El "original" es en este caso el exilio, su propio exilio, una realidad de la cual Arenas formó parte y que de alguna manera, nutriéndose de sus vivencias, trata de representar en esta novela: "Interpretemos la realidad profundamente, es decir, tal como es. Seamos, pues, versátiles y burlescos, irreverentes y joviales" (132).

Juan, el joven exiliado que no se ajusta a la nueva sociedad es ayudado una y otra vez en su proceso de integración o de "nosotrización" por ese grupo, por ese nosotros que no tolera la mala imagen que puede representar la individualidad "desajustada" de un cubano que no se integra a la corriente del grupo de la comunidad exiliada: "Desde luego tuvimos que cambiarlo de empleo numerosas veces. Qué querían ustedes (...) que así por su linda cara (...) le abriéramos las puertas de nuestras residencias en Coral Gables" (13). El narrador colectivo entra constantemente en el discurso para aclarar su posición respecto al personaje: "hacemos un alto en esta crónica para advertirle al lector" (91), y también para explicar los motivos: "Nuestro propósito (...) es resumir por escrito la historia de nuestro portero con la esperanza de que otras personas menos desdichadas que nosotros puedan entenderla" (92). Este narrador múltiple, pasa, de esta manera, a ser un personaje más que también quiere dejar constancia de las nostalgias y dolores de su exilio, porque "nuestras penas se mueren en una lengua extranjera" (92). Arenas quiere mostrar que ese nosotros padece, y suma a su

---

[25] Frederic Jameson, "Postmodernism and Consumer Society," Brooker 166.

destierro otra forma de exilio, el de la lengua. Es un pueblo exiliado de su propia expresión, que no puede comunicar su angustia ni ser entendido, porque la lengua extranjera no es la lengua de la expresión íntima, de la expresión del sentimiento. Este exilio lingüístico influye en la pérdida de la identidad. El ser humano desterrado padece sus angustias en una lengua que no le pertenece, y trasvasadas de su contexto idiomático las palabras pierden sentido, se desconceptualizan y empiezan a perder su significado original, se les va desdibujando el contenido al vaciarlas en otro idioma. El narrador colectivo de *El portero* siente este extrañamiento de la lengua y comprende con pesar que el suyo es "un idioma que por motivos obvios hemos tenido que ir olvidando, como tantas cosas" (11); siente que el pueblo cubano vive desdoblado "en el estruendo automatizado de esta vida que no cesa y a la que somos ajenos" (138). Es significativo el uso reiterado de los sinónimos para expresar esta falta de comunicación. A veces el narrador colectivo necesita varias palabras para tratar de explicar lo que una significa no sólo en su idioma, sino en su cultura: "tener carácter, iniciativa, chispa, como decíamos allá" (13). O dude al usar una palabra: "él pensaba, y así lo había dejado testimoniado ¿testimoniado? ¿Existe esa palabra en nuestra lengua?)" (14). Otras veces irrumpe una palabra en inglés en el discurso, lo que refuerza la sensación de que entre las pérdidas del exilio también está la pérdida del idioma: "Doorman, perdón, portero, queremos decir" (13). "Una cuora, perdón, una peseta" (58).

    La función del narrador colectivo también es dar a conocer las causas de la enajenación de Juan, producto no sólo del exilio territorial sino también de los varios exilios interiores del personaje cuando vivía en Cuba y que le hacen sentirse más alienado aun, con un sentimiento que Tabori explica: "The exiles who remain aliens, who are reluctant to become assimilated, are exactly those who felt themselves alienated in their own land" (388). Juan siempre se sintió ajeno, perseguido, humillado y excluido en su propia tierra. Quizá Juan añora una puerta, parece decir el autor, porque sus padres se la cerraron una vez: "la puerta está cerrada por dentro con pestillo (...) su padre había conseguido carne de puerco y Juan el hijo, estaba excluido de la cena" (136). O porque en su infancia Juan se sintió rechazado del medio familiar: "Un niño deseando dormir en las piernas de su madre, bien adentro, bien adentro, mientras ella lo golpea" (136). Y sobre todo porque padeció el ostracismo de vivir bajo un régimen opresivo. "(...) para siempre huyendo de aquel lugar donde toda su infancia y su adolescencia, su vida no había sido más que un intento frustrado de ser acogido por algo que no fuese el campo de trabajo, el servicio militar obligatorio, las obligatorias horas de guardia (...) la cita oficial inapelable para que él entregara lo único que poseía, su efímera (...) juventud." (137)

A diferencia de otras novelas en que se presentan la violencia y la muerte con crudeza, en *El portero* el autor no quiere hacer aparecer la muerte como algo violento o desagradable, y así les quita a los intentos de Mary Avilés por suicidarse toda tensión, o matiz trágico, con un toque de comicidad. Incluso hay escenas jocosas, a imitación de las comedias norteamericanas, como cuando Mary Avilés intenta suicidarse durante su fiesta de quince años: "con su largo y hermosísimo traje se lanzó al vacío (...) cayó sobre el alambrado de una enorme rastra cargada de pollos y gallinas" (28). También esta novela refleja cierta ternura. El protagonista no es ya ese ser reconcentrado y furioso de la pentagonía, sino que tiene la ingenuidad y la ternura de un niño, y a veces toda la desolación de un niño abandonado: "y la desolada desesperación que siempre acompañaba a nuestro portero necesitó como tantas veces (...) hacer explosión" (84). Por bondad Juan se hace novio de Mary Avilés, para ver si "haciéndose pasar por su prometido, Mary Avilés podría tomarle cierto apego a la vida al ver que alguien se interesaba en su persona" (33). Y ella le aceptó por la misma bondad y porque en realidad nada le interesaba, "acogió aquellas confesiones con benevolente asentimiento" (333). Pero entre ellos surge la ternura, y "algo así como un círculo mágico que si no los unía definitivamente al menos los atraía" (33). Ella representa para Juan una especie de refugio, es a ella a quien le dice sus largos e incoherentes discursos o sus silencios: "Juan puso su cabeza en el vientre de la joven y ella tal vez inconscientemente le acarició el cabello. El, sin hacer casi ruido alguno, sollozó" (33). Son dos seres unidos por la soledad, una persigue la muerte, el otro, un espejismo.

Es significativo el hecho de que *El portero* se inicie con una cita del evangelio de San Juan: "Aquella luz verdadera, que alumbra a todo hombre, venía a este mundo." Sobre esta cita se estructura toda la novela en la cual, Juan Cabrera,[26] el personaje central, recuerda con su nombre, que posiblemente no es una coincidencia, a Juan el Bautista, el que anuncia la llegada del Maestro, el que le abre el camino. En la novela Juan está obsesionado por buscar esa luz, una puerta, o un camino que él va abriendo, lo que equivale a decir, una esperanza: "No era él la luz sino para que diese testimonio de la luz" (SJ 1.9). Juan, como el Bautista, también tiene visiones: "En plena actividad se detenía (...) mirando a ningún sitio o a todos los sitios, como si una misteriosa revelación en ese mismo instante lo deslumbrase" (12). Y en breves momentos de "ilusión inexplicable", de "aquellos poderes", de aquella "insólita fe o ridícula visitación" (23), habla de cosas que nadie puede entender, "cuarenta días o más sobre la arena: no he olvidado la señal" (23), y es capaz de comunicarse con los animales: "todavía le parecía imposible haber escuchado hablar a una perra" (98). Para el protagonista la puerta como el bautismo de agua es un renacer: "Yo soy la puerta, la puerta (...) Yo soy la puerta y otra vez nacer"(86). El Bautista es a su vez el que abre la puerta a Jesús: "Soy enviado delante de él" (SJ 3. 28). O a veces la relación se hace con el mismo Jesús, cuando dice que "era el señalado, el elegido, el indicado" (13). Como Jesús, *El portero* tenía una misión de salvar a los hombres. "Debía

---

[26] Este nombre también corresponde al protagonista de la novela *Juan Criollo*, de tono picaresco y crítica social del escritor cubano Carlos Lloviera, que seguramente Arenas había leído.

salvarlos. Si salvar, escribió —¿Cómo entonces ayudarlos? ¿Y si no los ayudaba, cómo entonces seguir viviendo?" (77). Juan, *El portero*, parece ser tres personas: el Bautista, el Evangelista, el discípulo amado de Cristo: "Juan, el amado, Juan, el amado" (86), y el mismo Mesías: "La nieve se acumula sobre las aceras y hay que rasparla y ellos llevan dos mil años esperándote" (86). Por lo tanto hay tres referencias distintas, que parecen responder al constante juego de Arenas con los dobles, como si las tres se trataran de una sola persona: "Yo soy la puerta (...) Yo soy. No he olvidado la señal" (86). Enfatiza la similitud con Cristo con la referencia bíblica en la frase, "abran, abran hacia Copernaum" (86). Aunque también al modo areniano no puede faltar la parodia irreverente. En el asilo de locos, donde recluyen a Juan, uno de los enfermos se crucifica: "su cuerpo estaba cubierto alrededor de la cintura por una toalla del hospital y la sangre le bañaba las extremidades y la cruz (...) descubrió que el crucificado lo que tenía entre las piernas era un sexo de mujer y que éste también sangraba (...) era un trasvesti" (142).

Cuando en el capítulo final Juan reúne a todos los animales y se los lleva a la libertad que está más allá, en el infinito, él no se integra a esa luz. Una vez cumplida su misión se queda viéndoles adentrarse en esas puertas que les ha abierto. Se queda, se aparta como el Bautista al reconocer a Jesús: "porque es necesario que El crezca pero que yo mengüe" (S. J. 3-29). Juan se queda ante la luz pero ya conocedor de su existencia: "Y por esas puertas todos finalmente desaparecerían presurosos. Todos menos yo, *El portero*, que desde afuera les verá alejarse definitivamente" (156). Con este gesto el personaje parece decir que se sacrifica como Jesucristo para que los demás se salven, pero él no traspone la ansiada puerta de la libertad, sino que una vez cumplida su misión se retira.

En la segunda parte dla novela los animales tienen un carácter más protagónico. Son los que se han dado cuenta de las intenciones de *El portero*, son ellos los que le comprenden, por eso la perra Cleopatra le pide que se una a ellos y busque: "Una puerta para ti y para nosotros. No para ellos, los inquilinos que no la necesitan, porque ni siquiera se han percatado de que están presos" (99). Tiene derecho a la libertad quien tiene conciencia de las prisiones que cercan al ser humano y desea alcanzar esa libertad, parece decir el autor. A través de los animales, Arenas comunica sus puntos de vista. Muchos de los discursos de los animales mantienen temas y símbolos recurrentes de la obra areniana, como el valor que este autor siempre le ha dado a la sinceridad. En este sentido dice el mono, "no tenemos máscaras, somos. Ellos para ser tienen que vivir en perpetua batalla demostrando que son (...) están contaminados de hipocresía... Ya no cometen travesuras sino mezquindades" (132). Valiéndose del discurso del mono, el autor filosofa y se burla de la seriedad de la mayoría de la gente que se ha olvidado de su pequeñez y "se creen la medida de todas las cosas" (132).

Con la intervención de la perra Cleopatra vuelve a mostrar su preocupación por el lenguaje, un lenguaje que hay que perfeccionar para que las palabras realmente lleven al conocimiento. Al mismo tiempo, con una cierta apertura espiritual, Cleopatra, la perra, le señala al portero la unión que debe existir entre la naturaleza y el ser humano, la relación entre todo lo creado: "Trata de estudiar su lenguaje que es mucho más bello y universal que el del hombre (...) Una vez que hayas pasado por ese aprendizaje estarás preparado para familiarizarte con el idioma de los árboles, el de las piedras y hasta el de las cosas" (15)[27].

La paloma torcaza trae otro de los temas arenianos; es el símbolo de la fuga por la que debe optar cada individuo ante la disyuntiva de, "decidirnos a seguir siendo prisioneros o a optar por la fuga" (104). Parece decir que para ser auténtico el ser humano ha de escapar de todo lo que lo anula y lo ata. La prisión para la paloma está en la circunstancia de exilio en la que tanto *El portero* como

---

[27] Este comentario señala hacia una posible indagación de carácter espiritual del escritor cubano en las creencias de los indígenas norteamericanos y quizá en corrientes esotéricas.

ella se encuentran: "Los dos somos originarios del trópico (...) los dos añoramos nuestro paisaje (...) Los dos estamos prisioneros. El es prisionero de una circunstancia que por muchas razones no puede eludir" (104). En este discurso ya se plantea la duda del exiliado territorial ante el retorno, ya no está seguro de pertenecer a lo que dejó detrás: "También me pregunto si acaso podríamos vivir allá de donde hace tanto tiempo que partimos" (104). Como plantea Ilie, "el exilio es en cierta medida exilio de una cultura, y no simplemente de una sociedad" (268). El exiliado, que ha estado inmerso en otra cultura, no está seguro ya de pertenecer ni de conocer completamente a la que añora. El regreso, ese anhelo mantenido por muchos años, se convierte en una angustiosa interrogante sobre su propia identidad.

Las amputaciones y suplantaciones de los miembros corporales por otros mecánicos que aparecen en la novela son un símbolo de referencia del exilio territorial que padecen los personajes y el autor. El exiliado se siente arrancado de su centro, le han amputado una parte de su ser. En esta novela vemos que uno de los personajes se dedica a amputarse miembros y a suplantarlos por otros mecánicos; este personaje, aunque no se aclara su nacionalidad de origen, es como un símbolo del alienado, del desterrado que trata de suplantar con el nuevo país al que ya no tiene, al suyo que dejó atrás. Ilie, al analizar las imágenes de fertilidad y esterilidad vinculadas con el exilio territorial, plantea que tales imágenes se relacionan con "ambos niveles de la experiencia exílica, al plano cultural con su fecundación cruzada y al plano individual con su abismo sociológico" (120). Así vemos que Skirius, el personaje que se amputa los miembros y los órganos, está tan enajenado como la mayoría de los que habitan este mundo recreado por Arenas en el edificio de la gran ciudad.

> El señor Skirius se había propuesto suplantar casi todos los órganos naturales por perfectas y potentes réplicas mecánicas. Ya se había amputado una pierna que había manifestado síntomas reumáticos sustituyéndola por una de hierro (...) una de sus manos tampoco era

natural, como tampoco lo eran gran parte del intestino delgado, un pulmón, los dos riñones, el cabello, ambos testículos, la próstata y un ojo que no funcionaba como tal. (43)

Skirius, en su desajuste sociológico, se corta los miembros, se amputa los órganos físicos, se mutila porque en el ámbito de la conciencia ha sido amputado de su centro. Para este personaje, el mundo y su propio cuerpo son desagradables y sobre todo imperfectos: "somos burdos animales condenados a la putrefacción" (43). Por una parte, a través de este personaje, Reinaldo Arenas está denunciando el desajuste que puede crear el sentirse desmembrado del lugar de origen, y la enajenación de una colectividad que se deshumaniza en una ciudad enajenada y enajenante. Si Skirius se mutila es porque internamente se siente un ser mutilado de su identidad y de su propia humanidad, en una ciudad fría, donde no hay cabida para las relaciones sinceras y el calor humano.

Los nombres que selecciona Arenas para sus personajes denotan también el desgarrado desdoblamiento del exilio. Mary Avilés es "María Avilés de acuerdo con su inscripción de nacimiento" (28). El señor John Lockpez, es en realidad Juan López. Su nombre, mezcla de inglés y español, es significativo porque con Lock, cerradura y pez, aclara que es el dueño de los peces que se asfixian y quieren huir, es el que encierra a los peces. Los nombres muestran esta condición enajenante en que la persona, presionada por otra cultura, va perdiendo su nombre original y con él un poco de su identidad. Los personajes arenianos se desdoblan entre el nombre que fueron y que los identificaba y el nombre adquirido por razones prácticas que no tiene nada que ver con la esencia del nombre paterno, de la íntima identidad del ser; es un desarraigo del nombre original, que incrementa el otro desarraigo del estar desvinculado culturalmente de su país.

Los mismos animales enjaulados representan una metáfora del exilio, a través de la cual el autor proyecta su propia alienación y la sensación de esterilidad que el destierro causa. El discurso de la jicotea contiene imágenes simbólicas del exilio territorial, y de otro más profundo aún, el del origen primario del ser humano: "Observan como todos se detienen en la línea en que comienzan las aguas (...) se buscan a ellos mismos. Buscan la otra parte que les corresponde (...) esperan ver reflejada su imagen real (...) a veces, no pueden resistir más y se sumergen, pero sus pobres y mutilados órganos ya no responden" (110). Como tampoco pueden responder con humanidad los órganos mecánicos que suplantan a los mutilados del señor Skirius "a una ligera manipulación de las cajas de controles de la sensibilidad, la voz del señor Skirius adquirió un tono optimista" (43).

El suicidio, ese constante leitmotif areniano, está presente en uno de los personajes secundarios. El ansia suicida de Mary Avilés, "ella no trabajaba para vivir, sino para morir" (20), parece resumir la imagen y suma de la esterilidad de la vida desterrada: "Aunque de origen cubano (...), había sido llevada por sus padres a Venezuela cuando era una niña recién nacida; luego se trasladó con toda la familia a Miami y siendo aún una adolescente abandonó su casa a la que jamás regresó" (28). A partir de ese momento su conciencia desterrada le impele hacia la muerte, ya que para ella "no había otro inventario que no fuese el vacío, y si algo le faltaba a ese vacío era la nada" (84). La constante en la vida de este personaje es lograr aniquilarse y logra hacerlo el último día del año: "Sus ojos estaban muy abiertos y en sus labios había una sonrisa de triunfo" (86). De nuevo como en otras obras de Arenas la muerte es la que libera, es el triunfo final.

A veces el discurso de *El portero* se convierte en un monólogo delirante en el que abundan las imágenes de la alienación. El paisaje amado de la cálida isla se deshace en la memoria, dolorosamente se deshumaniza, se destruye y se confunde con el paisaje nórdico del destierro: "palmares pudriéndose (...) gritos con la boca cerrada (...) pencas congeladas formando jaulas, sombras de pencas verdes que son jaulas, jaulas plásticas, jaulas alumbradas, jaulas muy limpias (...) la nieve es una sola mortaja blanca" (85). La isla aparece como una gran cárcel en la que hasta el paisaje se corrompe, se vuelve enemigo. Las pencas airosas de las palmas ya no murmuran suavemente con la brisa, sino que se vuelven una imagen rígida de hielo, seco y duro. El paisaje todo se torna cómplice de la represión. Las pencas son jaulas de hielo, que se alían a la prisión, a la gran jaula que es toda la isla. La nieve es la muerte, porque en un paisaje cálido que se ha helado no puede haber vida; el hielo y la nieve, como el odio y la represión, han matado la vida de la isla tropical.

El mar, ese casi personaje areniano, vuelve a estar presente en el discurso del pez, un pez que se asfixia y necesita el agua para ser libre, como Juan necesita la puerta para escapar hacia la luz de la verdad. El agua es un símbolo de libertad: "Nuestro portero es un pobre pez que al igual que yo se asfixia en este lugar. ¡Las verdaderas aguas! ¡La gran inundación! El diluvio mismo llegue hasta nosotros y nos libere" (112). El mar representa el espacio ilimitado, infinito que el ser humano necesita para desarrollar su eterna ansia de libertad.

Arenas usa a los animales a la manera de Cervantes en "El coloquio de los perros." Los animales tienen la clarividencia que les falta a las personas, y también ofrecen las enseñanzas típicas de las fábulas. Dentro de esta simbología de exilio no puede faltar el miedo, y el conejo lo representa: "el miedo es lo único que nos mantiene vivos"(127). El terror personal de una vida sometida bajo un régimen tiránico que caracteriza el exilio interior, cambia, en el exilio territorial, al miedo existencial. "Las paredes del mundo están hechas de miedo. Y lo más triste de todo es que el mundo existe porque existe el miedo (...) el mundo (...) no es más que una zona de terror" (125). Ya no es su miedo en Cuba, sino que ahora el mundo se manifiesta como un gran terror. Por eso el conejo confiesa su miedo, y pide "tener un hueco propio un hueco seguro en la medida de lo posible (...) hueco donde, aunque llenos de miedo podamos descansar" (127). La mosca, también recurrente en la obra areniana, es en este caso otro símbolo de la libertad y de la muerte; representa la dicha del instante, la vida vivida como riesgo constante. A través del discurso de la mosca, el autor plantea que el sentido de la vida está en saber vivir con intensidad, en dominar la vida y disfrutar el instante de gozo, que puede estar en el placer físico, en la creación artística y en el peligro: "El precio de la muerte es insignificante comparado con la dicha de haber vivido un minuto. Esos son mis principios, vivir a plenitud (y por lo mismo en peligro) un instante, si es posible dos o tres, y perecer, elevarse aún con fuerzas sobre un rayo tibio de sol, y luego, aún embriagada, caer" (130). El autor habla a través de la mosca para explicar sus conceptos sobre la vida, en los cuales hasta la muerte es un disfrute: "De modo que no se trata de huir o no huir, sino de dar unos cuantos revoloteos gozosos antes de perecer, y ese perecimiento verlo también como un goce" (131).

El monólogo de la jicotea es clave para comprender la posible evolución espiritual del autor. La jicotea habla de una filosofía de la bondad, que no se percibe en sus obras anteriores "porque vivir para el odio es vivir al servicio de nuestro enemigo (...) Cuando se vive bajo el afán de destruir o bajo el miedo de ser destruido no se vive, se agoniza a largo plazo" (109). Esta frase está muy lejos de aquel odio que corroe al personaje de *El asalto*, escrita unos doce años antes. Ahora es como si el autor quisiera decir a través del discurso de la jicotea que ya ha comprendido que en la vida también hay sitio para el amor y la esperanza.

En cuanto al protagonista, aunque no se adentre en la salida, la ha hallado, ya sabe que la puerta esta ahí, y ésa es la esperanza hacia la que apunta la novela. Parece decir su autor que hay una salida, una puerta salvadora para todos y que el ser humano siempre la puede encontrar si persiste, como el portero, incluso aunque no sepa qué hacer con ella: "Pero una vez traspuesta qué" (93). Tal vez ese qué, que permanece sin respuesta en *El portero*, apunte hacia el exilio cósmico, universal, del ser humano en su original condición adánica, o al misterio insoluble de la personalidad y la vida humana. Para Reinaldo Arenas, escritor, no hubo más puerta ni más camino que la "voluntad de vivir manifestándose," expresando, a través de la novela, y la poesía, la búsqueda constante de la esquiva identidad.

Capítulo V
La poesía. La trascendencia por la lucha
"El central": búsqueda de la identidad histórica

La poesía de Reinaldo Arenas está motivada por una íntima necesidad de lograr la expresión total y por el afán de que el ser humano llegue a alcanzar la plena autenticidad. En este sentido, sus poemarios, como el resto de su obra, representan una denuncia terrible de toda opresión. La indagación permanente de su propio centro escindido se convierte en una lucha incansable que rige su vida y su obra, aunque sepa que su búsqueda puede no tener gratificación. Desde esa perspectiva, la poesía se manifiesta aun más como una lucha continua, en el esfuerzo por trascender su propia condición a través de la creación, a través de la palabra. La obra poética de Arenas, por tanto, es un firme pilar de ese corpus cerrado que conforma su producción literaria.

La tardía publicación de *Leprosorio*[1] en 1990, un poema en tres partes escrito en Cuba entre 1970 y 1976, viene a confirmar el carácter totalizador que quiso imprimirle a su obra. Temáticamente *Leprosorio* tiene muchos puntos de contacto con la pentagonía, pero es más abarcador. Si las novelas de la pentagonía se enmarcan sobre una parte de la historia de Cuba, este convulso poema manifiesta el afán del autor por recoger la historia total de su país y recontarla, no

---

[1] Las citas corresponden a la edición de Madrid: Betania, 1990. La primera parte de *Leprosorio*, el poema "El central" fue publicado como libro en (Barcelona: Seix Barral, 1982.)

desde la perspectiva oficial, sino desde el punto de vista del pueblo que la sufre. Arenas es como el juglar que viene a cantar las "gestas" de su pueblo, no las heroicas, sino las del individuo, que para el autor, ha estado oprimido siempre durante quinientos años de humillación y esclavitud. Al mismo tiempo su poesía, en la cual la empecinada denuncia le ofrece como un camino para trascender su destino de ser en tránsito, es un canto con tintes épicos a la dignidad inalienable de cada ser humano. El mismo Arenas señaló que "El central" "se puede llamar poema, pero es también una especie de épica."[2]

La poesía es para Reinaldo Arenas el arte supremo, y el poeta es el que revela el misterio, el que puede, cantando y contando, esclarecer la elusiva historia de la vida de su país a través de las pequeñas y grandes humillaciones de cada día. El poema es el alivio también a su vida desdichada, es el amparo, el consuelo y el arma con que se alza en su lucha: "ah, poema, ah, poema./ He aquí como para sobrevivir (para sobrevivir siempre) te has convertido en la recompensa de las tardes estériles y en las justificaciones del aborrecido" (32), dice en el poema "De noche los negros," afirmando una vez más la dimensión entrañablemente salvadora que para él tiene la poesía, a pesar de cualquier circunstancia personal.

Como en las novelas de la pentagonía, el poema sigue un ciclo histórico. En aquéllas, el ciclo correspondía al desarrollo de la vida de un personaje dentro de un determinado periodo de la vida del país. Esta trilogía poética, a su vez, se enmarca dentro del ciclo histórico total de la isla. "El central" corresponde a la gestación y desarrollo del país que se inicia bajo el signo de la violencia, al igual que sus dos primeras novelas, *Celestino antes del alba* y *El palacio de las blanquísimas mofetas*, se basan en la gestación de un personaje que se desarrolla en los años anteriores a 1959. "Morir en junio y con la lengua afuera", el segundo poema, es el producto de aquella violencia inicial de la fundación de la nación, a

---

[2] Jesús J. Barquet, "Conversando con Reinaldo Arenas sobre el suicidio," *Hispania* 74 (1991): 934.

la que se suman las sucesivas represiones; su equivalente sería la novela central de la pentagonía, *Otra vez el mar*. El último poema, que da título al libro, es el fin presentido de toda la marginación, el dolor y las furias anteriores, y representa una visión catártica de la putrefacción final de esa historia, como lo fueron *El color del verano* y *El asalto* en la pentagonía. Estos paralelismos permiten observar una continua repetición de las referencias intertextuales entre las novelas y *Leprosorio*. Por ejemplo, en "El central" se evidencia una estrecha relación con *Arturo, la estrella más brillante*. Al igual que Arturo escribe como una forma de liberación, en el poema el poeta se dirige a un personaje, quizá él mismo, que también está escribiendo, porque la poesía mantiene como el resto de sus obras un autobiografismo constante: "Guarda tus notas, hijo mío: guarda tus notas, pues nada será más provechoso para tu imaginación que este golpe de guámparas (...) Guarda las palabras escogidas, hijo (...) pues ninguna palabra, por más noble que sea, le dará más vigencia a tu poema que el grito: ¡de pie, cabrones!, rayando siempre al alba." (33)[3]

En el poema, como en su novelística, también hay cabida para otros géneros: citas históricas, cuentos, diálogos, letreros propagandísticos, prosa poemática, versos rimados y libres de diferentes medidas, canciones populares. "El central" es un complejo poema compuesto de once secciones, donde el tiempo poético está dado por un constante presente perfecto que va indicando la duración de una misma tragedia repetida: "Manos esclavas/han revuelto esa tierra/han sembrado esa tierra" (11). El trabajo en los campos de caña —una planta que en sus ensayos el autor considera como símbolo de la esclavitud cubana— se mezcla en la historia de Cuba con todas las épocas: desde la colonia con los negros gimiendo bajo el látigo de la esclavitud, a la revolución con los jóvenes obligados a repetir consignas en el surco. Las manos negras del pasado se funden con las

---

[3] Esta estrofa guarda una estrecha referencia con su noveleta *Arturo, la estrella más brillante*. Consultar la página 72 de esta obra.

manos esclavas de un presente inmóvil, marcado por el mismo destino opresivo: "el indignado dedo/del gran dictador, señalando los campos que/manos esclavas/tendrán que arañar." (11)

Arenas concentra en el poema la misma angustia de la pentagonía. La primera parte de "El central" se estructura sobre el plano temporal. Es el tiempo el que, como en un gran tejido, va envolviendo y mezclando en sus hilos la historia con sus sucesivas desgracias: "Los negros, en el vientre del barco rugen y se achicharran./ Pero/ eso fue con ellos querido./ No con nosotros que hemos/ sido citados/ por una ley militar/ o recogidos en nombre del/ pueblo. Y en regios Leylands[4]/ hemos sido conducidos hasta/ el mismo campo de trabajo./ Y disciplinadamente/ hemos ocupado nuestras literas." (30) El uso de la "y" copulativa refuerza la dolida ironía de estos versos que el poeta titula "Peripecias de un viaje". Une el viaje de los barcos negreros, con su carga humana ultrajada, arrancada de su tierra, durante la época de la colonia, al viaje forzado de los jóvenes recogidos para servir en los campos de trabajos que el mismo autor padeciera en Cuba. El uso del presente para contar la historia del pasado y del presente perfecto para contar la historia actual crean un tiempo extático que refuerza la visión del autor de la historia de su país como un repetido ultraje. Con trágica ironía dice: "Y hemos probado a veces hasta postres en la comida./Y una vez hasta se nos permitió que nos visitaran" (30). El ámbito espacial es el mismo siempre a través de este tiempo estático: donde una vez hubo una plantación hay hoy un campo de concentración, los niveles de tiempo y espacio se corresponden: "Y todo esto por allí, por donde comienzan las plantaciones" (31). El verbo en presente impide una vez más toda división temporal: plantación, campo de trabajo, todo es lo mismo, bajo el mismo cielo, en el mismo paisaje. ¿Qué importancia tiene entonces el medir el tiempo en años y siglos, si el ser humano

---

[4] Los Leylands fueron unos ómnibus ingleses, anticuados y no muy cómodos, que brindaron servicio en La Habana durante las décadas de 1970 y 1980.

continúa repitiendo el mismo ciclo de prisión y esclavitud? El tratamiento del tiempo en el poema responde al peculiar destino de las dictaduras, de imposiciones perennes que rigen la vida del país desde sus inicios, y que el autor trata de mostrar. La vida de la colonia recoge en su poesía la carga de opresión con que se inició: "un fuerte para aniquilar, un fraile para/adoctrinar" (12).

Arenas reescribe una vez más sobre la vida de un personaje histórico, al igual que en *El mundo alucinante*, ya que en el segundo poema de "El central," Fray Bartolomé de las Casas es el narrador, cuyo discurso en primera persona muestra a un monje, transformado y trastornado por el trópico, maravillado ante la naturaleza: "Yo no sé. Pero el tiempo lo va agarrando a uno; lo va envolviendo; me seduce. Aquí cada planta suelta un típico, extraño olor que llama; y de cada yerba brota una vibración que atrae" (15). Al tiempo que el poeta-narrador, a través del discurso del monje, denuncia el genocidio de una raza por el ansia de oro de los conquistadores, se introduce el homoerotismo y la irreverencia religiosa típicos del tono paródico de la obra areniana: "Y ellos los hacen descender al fondo de la tierra y que allí se asfixien buscando oro; y aun se fornican a las más y a los más atractivos (...) Sagrado Señor, alabado Señor, maldito Señor" (16-17). En la imaginación alienada del poeta, el fraile español es casi su doble, y lo muestra como un hombre que alejado de su tierra vive en un extrañamiento de sí mismo; no se siente parte de su gente, sino que se siente igual a los esclavizados indígenas, no pertenece a los fuertes sino a los oprimidos: "Y ellos aunque no me han entendido, han visto en mi rostro la común señal de la tristeza y la horrible y mutua señal del espanto, se han hecho mis amigos (...), y ellos son brillantes y su pelo es lacio y negro, y su piel apretada y suave" (17). La identificación con el monje es tal que le impone a De las Casas sus propias tendencias homosexuales.

El constante tema suicida areniano halla una base histórica en que apoyarse. Los indígenas se quitan la vida en grupos, optan por el suicidio colectivo antes que seguir soportando la esclavitud: "(...) esta tarde bajo los estruendos de la primavera que ya revienta, que ya sube queriendo ahogar mi voz (...) he entrado a una cueva donde más de cien indios yacían amontonados y muertos (...) después de haber tomado todos una yerba maldita" (17). El autor se vale de comparaciones paralelas entre la primavera, con sus arroyos que fluyen y con sus olores que inundan los sentidos, y las escenas del suicidio de los indios para reforzar la angustiosa evasión suicida, en medio de ese paisaje hermoso donde los nativos vivían sin temores. De esta manera refuerza los dos planos temporales: el de antes de la colonización, edénico, y el que vio Fray Bartolomé de indios maltratados, que dejando atrás su paraíso hollado, se fugan hacia la muerte como única liberación. El poeta plantea que sobre la terrible esclavitud padecida, sobre este cementerio, se fundó la civilización occidental en Cuba; por tanto, las futuras generaciones de la isla son las herederas de ese montón de cadáveres. Con la escena de los suicidas, el discurso del monje se vuelve incoherente, enajenado. A su alrededor la primavera sigue emergiendo entre la muerte y la destrucción, y los sentidos del monje sienten el llamado vital de la estación en que la vida y la muerte se confunden: "Ya aquí el desequilibrio de los colores anegados. Daré un maullido (...) y veré los cuerpos hermosos y adoloridos, retorciéndose. Correré bajo los árboles (...) y veré las figuras desnudas colgando de sus ramas. Y tocaré las figuras y me abrazaré a las figuras. Y empezaré a bailar bajo los árboles donde cuelgan las figuras, balanceándolas, palpándolas, apretándolas." (18)

La voz del poeta narrador, la enloquecida voz del monje español que defendió a los indígenas, es como un eco de la Cuba que clama por su origen, por su autenticidad maltratada. Una voz poética que explica el porqué de la historia trastrocada en colonizaciones y esclavitudes, ajena a la que debió tener de acuerdo a su origen primitivo; una voz que se duele de la isla que vive marginada, también ella, de su centro, marcada por el dolor de su identidad perdida. El misionero español, con su apasionado discurso que se alza como protesta angustiosa, termina con una convicción que se abre a la angustia universal del ser humano cuando se da cuenta de su soledad. En una corta estrofa que cierra la narración del fraile, el poeta y el monje narrador sienten que están solos. Arenas convierte al fraile dominico en un hombre despojado de su fe, solo en su extraña lucha en aquella isla llena de cadáveres, y encierra de nuevo todo el tiempo en el continuo presente perfecto. Ya no se sabe quién habla, si es el poeta o el monje: "(Madre amantísima/pobre madre mía, disuelta en las ajadas tierras de la infancia,/he aquí como el tiempo nos ha convertido/en adoradores del más implacable de los dioses, el que no existe)" (118).

"El central" resume el propósito de todo coloniaje, de toda ideología impuesta. Desde la imposición del cristianismo durante la conquista, a los postulados comunistas del siglo veinte, el fin de las ideologías no es más que tratar de desterrar todo pensamiento libre e hipnotizar las conciencias con su repiqueteo martilleante de trilladas consignas. Adoctrinar es lograr que la gente deje de pensar con su propio criterio, porque toda ideología es un freno al pensamiento libre, incluso para el que la impone. Así lo evidencia Arenas en ese ayer y hoy que se entrelazan en un idéntico presente en la estructura cíclica del poema: "bárbaro y bambollesco/ha de ser el discurso del nuevo trajinador de sentimientos (...)/Sus promesas, descomunales y estúpidas./Sus leyes, intransigentes y arbitrarias./Sólo así, oh, elegidos, podrán ejercer ustedes el absoluto/dominio" (12). El posesivo enfatiza el pensamiento anafórico con toda su machaqueante repetición para mostrar el opresivo continuismo histórico de Cuba. Los epítetos irónicos parodian el discurso poético con una honda carga de dolor. La frase el "trajinador de sentimientos", resume la manipulación degradante a la cual es sometido el ser humano bajo un sistema represivo. El poeta-narrador se dirige a su público usando la segunda persona del plural. Es el juglar que con una breve indicación aclara al que lee (o escucha) de qué parte está la verdad, le sugiere, le guía. Se repiten las parejas de adjetivos para acentuar con más fuerza el tono burlón: "libidinosos y ásperos, peludos y hediondos, blancos y valientes" (12). A la voz del poeta se suma la voz de un personaje histórico, Cristóbal Colón ante la Corte española: "—Y qué mansos, qué mansos. Pase usted las manos Majestad (...) Y todos miran, palpan/alaban al Señor" (13). Y a esta humillada dignidad del indígena americano en la corte española Arenas superpone, como en un collage, la dignidad también humillada de un pueblo de jóvenes obligados a ser soldados, de mujeres esclavizadas, cuya identidad femenina es despreciada: "un millón de niños (16 a 18 años)/ desfilan marciales. Junto al cartel, 400,000 habaneras al cogoyo" (13). Constantemente el poeta desvaloriza el tiempo y funde la historia en esos trenzamientos estructurales basados en el número tres que observó Oscar Fernández de la Vega: "el central azucarero concentra la *suerte/inminencia/desgracia* (cursivas del autor) del monocultivo a lo largo de cinco siglos... Arenas no *hace* ni *deshace; se le rehace*, actualizado en triple influencia, uno de los aspectos más detestables de la historia de su país natal".[5]

El tono paródico, típico de la obra de ficción de Reinaldo Arenas, también está presente, con toda su carga disidente, en su poesía. A través de la parodia no sólo se burla del mayoral, o del dictador de turno, sino que, como dice Andrea Pagni, puede apoderarse del discurso del poder, ya que "la estilización paródica sería (...) un modo de apropiación subversiva de la palabra autoritaria."[6] De esta manera, el marginado, el reprimido, es ahora quien lleva la voz, al subvertir paródicamente los papeles: "Hoy mismo promulgo la Ley del Servicio Militar Obligatorio, para todo adolescente mayor de 15 años y derogo cuantas disposiciones, leyes, artículos (...) constituciones, códigos, reglas, preceptos, ordenanzas, estatutos, edictos, cartas magnas y cédulas se opongan a la misma. Firmo y ordeno que se ejecute (...) La Habana, Cuba, Territorio Libre de América"

---

[5] Oscar Fernández de la Vega, "Trenzamientos estructurales en El central," Hernández-Miyares y Rozencvaig 172.

[6] Pagni, "Palabra y subversión en *El mundo alucinante*,"Ette 146.

(20).

La visión antitética de una identidad fragmentada

La antítesis en la poesía de Arenas es producto de su vida escindida en trágicas dualidades de enajenación y exilio, de furia continua y de ironía herida, de ansia vital y viaje hacia la muerte, y es producto también de la historia de su país recorrida por agudas contradicciones y padecimientos sin fin. La repetición de dualidades contradictorias cimenta la base sobre la que el autor va estructurando el poema. No es de extrañar que una de las figuras que se repiten en el poema sea el quiasmo. "En qué aguas/se reúnen el que cuenta el terror/y el terror que se cuenta/quién es el que interpreta./ Quién es el que padece./Cuál de los dos es el autor/del trágico mamotreto" (41). Víctima y victimario se confunden bajo el sol abrasador, bajo el duro golpe de una prolongada injusticia, en las preguntas retóricas llenas de una profunda carga existencial para las que no ofrece respuesta. De nuevo la palabra "estruendo" abarca la medida de la desesperación en una pregunta repetitiva, angustiosa y contradictoria: "¿Quién define el estruendo de la infatigable/derrota, del alambique infatigable? ¿El mismo estruendo?/¿El que oye el estruendo? ¿El que padece el estruendo?" (41). El poeta repite, como en sus novelas más furiosas, los verbos, sustantivos y adjetivos que agudizan el tono de violencia en versos antitéticos: "estallar," "restallar," "chillar," "reventar;" "acoso," "aullido," y las combinaciones de adjetivos y sustantivos: "extraña bestia," "apabullantes sentencias," "violentas y torpes:" "mas allá aún de la fatiga y del acoso, alguien que te acosa y te fatiga, que te exige, que te recrimina y ofende" (43). La plasticidad de las imágenes enloquecidas forman casi cuadros que recuerdan a El Bosco: "Son sombras que estiran su furia sobre un hierro con patas, la cama; son sombras que extienden su hambre sobre una tabla con patas, la mesa; son sombras que ahogan sus sueños en un tanque con patas, su cuerpo" (43). La pintura se hace presente en la poesía de Arenas como una forma de perfilar, con rasgos más nítidos, el contenido metafórico. El ser humano esclavizado se deforma, se cosifica en las imágenes surrealistas de Arenas. La degradación le aniquila y bestializa y le va transformando en una cosa, porque el que manda, ayer y ahora, desvaloriza a su víctima.

Roberto Valero, al analizar la poesía de Arenas, afirma que "el narrador, como el autor, no se identifica con nadie ni con nada (...) No hay salidas, no hay respuesta. Los personajes son empujados a un nihilismo total, a un escepticismo absoluto, a la anarquía."[7] Aunque la violencia y el dolor son los grandes protagonistas de esta descodificada historia que es *Leprosorio*, discrepo de la rotunda afirmación de dicho crítico. No debe olvidarse que en Arenas sí puede observarse la respuesta que Camus pedía al arte en *El mito de Sísifo*: "l'homme absurde decouvre une discipline qui fera l'essentiel de ses forces (...) Créer, c'est ainsi donner une forme a son destin."[8] Arenas da forma a su destino en la lucha prolongada, sin descanso, a través de ese fervor suyo por contar una y otra vez el dolor del sometimiento; una lucha que vive en sus furiosos personajes y en el mensaje de su poesía, explicado perfectamente en uno de los versos de "El central": "(Para el terror baste la sencillez del verso épico: decir.) Hay que decir/(...) Hay que decirlo todo" (45). El autor canaliza ese terror más apretadamente a través del verso, en que el poeta como un juglar se siente solo ante su público, sin personajes intermediarios, diciendo su verdad: "Ah poema; ah poema. He aquí como se fatigan dedos e imágenes y aún sigo ardiendo". (46) Con el vocativo repetitivo, agudiza la dolorosa resonancia del verso. El poeta se dirige a su poema como si fuera un cuerpo vivo; el poema es el mensajero de su ardor, es el instrumento transmisor que le permite decir todo lo que debe decir.

Para el escritor cubano, el poema es el que le hace vivir; escribe poesía

---

[7] Roberto Valero, "Viviendo el *Leprosorio*: acerca de la poesía de Reinaldo Arenas," Ette 162.

[8] Camus 192.

para poder sobrevivir a su implacable circunstancia: "Donde florece/Donde florece/Donde florece el espanto/Poeta, allí estás" (33). La contradicción evidente entre "florece" y "espanto" le permite mostrar la calidad superior de la poesía capaz de surgir siempre en cualquier circunstancia, hasta bajo el terror. La poesía es la justificación que halla a su vida en medio del campo de trabajo, en medio de la isla y del tiempo opresivo que le circunda y enajena. El verso le salva porque el poder de la imagen, de la metáfora y el ritmo puede surgir vibrante aun en medio de los peores lugares, de los peores momentos: "Oh, la poesía está aquí, en la parada al mediodía para el trago de agua sucia (...) en el torbellino de moscas que ascienden a tu rostro cuando levantas la tapa del excusado" (33).

Las imágenes de podredumbre y fealdad refuerzan el carácter existencial de la poesía areniana, pero entre estas imágenes crudas y opresivas, surge antitéticamente la belleza creada por la imaginación o por la poderosa fuerza evocadora de los recuerdos idealizados: "Virgen, y a todas éstas el flamboyán, reventando sus rojas corolas al final de la tarde" (32). El poeta no llega a los extremos de la autonegación, porque en medio de su angustia recuerda el valor de su propia persona y trasciende el momento presente y su circunstancia a través de la memoria y del reconocimiento del fondo inalienable del ser humano: "y a todas éstas el antiguo deseo (...) el antiguo sentimiento. Y el padecer y añorar como si aún fuéramos humanos" (33).

La añoranza del poeta de un mundo perdido, o de su propio ser fragmentado, de su autenticidad violada, se enfatiza en "Una cacería tropical" a través de un verso repetitivo, que surge como de un recuerdo desconocido, como el fluir de su conciencia desolada: "Humo en las altas torres, humo en las altas torres" (23-29). La historia se mezcla sin transiciones. No hay signos de puntuación en los cuatro primeros párrafos que indiquen el tiempo, que solamente se percibe a través del lenguaje, el cual a su vez toma las modalidades de la historia inmersa en este tiempo:

> Por sobre relampagueantes aletazos de agua los krúmeros han llegado pero es poca la mercancía son pocos los chillidos que pueblan el cayac los lugares las cacuchas las ureas y falúas de las balsas y tablas flotantes ni la gran propaganda desplegada por radios y pancartas (...) por agentes de mesas por agentes militares por agentes secretos faltan brazos aún faltan brazos un negocio redondo no se hace sólo con 8 negros. (23)

En medio de las estrofas, dividiéndolas como extraño testigo del horror, surge el verso fantasmal con su monótona cadencia: "Humo en las altas torres, humo en las altas torres" (23) y el poeta pasa inmediatamente a la historia repetida en un tiempo sin fronteras. Arenas está diciendo que no hay ayer ni mañana sólo hoy, hecho cada día a golpe de siglos: "Virgen, y a todas éstas la insolente llamada, los pistones girando; la gran rueda; y nuestros brazos que enarbolan mochas, que se alzan, que hacen sucumbir la plantación" (33). El vocativo del primer verso recuerda el habla coloquial de las campesinas cubanas que llaman a la Virgen en el desánimo y el dolor. Aquí Arenas usa el vocativo precisamente para reforzar ese tono cansado, de rebelde plegaria que tienen algunas estrofas.

Otra de las palabras favoritas de Arenas que se repite incansablemente en este poema es "estafa". "El central" muestra y denuncia las sucesivas estafas de que ha sido víctima el cubano a través de su historia. Pero el significado de esta palabra no se refiere sólo al ámbito insular y personal del poeta, sino que se refiere a una estafa existencial inconmensurable que sufre el ser humano por una especie de exilio universal que le ha desgajado de su origen, y le desvía del camino natural del bien y del amor. El autor se siente burlado en un mundo al que le han llevado sin permiso ni ensayo previo, y por tanto padece la historia como una estafa, porque para él, el hecho mismo de nacer es una estafa y un extrañamiento: "Sé que más acá de la vida/está la estafa" (62). El poeta siente que le estafan su tiempo personal y único y el de su generación: "De noche los reclutas/¿saben ellos la dimensión de la estafa que padecen?" (43). La palabra "espanto" se vuelve a repetir insistentemente. Arenas está contando una época terrible en que el ser humano vive degradado, envilecido por la represión que oprime al país: "los grandes terrores presentes, las altas tierras de la isla acorazada por su perenne espanto" (39). Y en este clima de mentira y de terror la palabra "infamia," que repite varias veces, cobra su justa medida en una época que enarbola, "los invariables estandartes de la infamia" (50) dentro de una nación en que pervive a su vez, "un nuevo testimonio de la infamia" (55). Junto a estos términos se repiten también, acentuando el clima opresivo del poema, las palabras "mentira," "traición," "amenaza," "impostor," "asfixia," "ruinas," "injurias," "terror," "gritos." Los relatos dentro del poema resaltan la calidad testimonial, refuerzan el contenido histórico, como el fragmento sobre la explicación de la fabricación de la caña: "la caña pasa por las esteras, se le tritura, se le extrae el jugo, se niegan pases, se recargan los horarios"(46). El poeta-narrador continúa explicando en varias estrofas el proceso, y todo el dolor y el escarnio que necesita la caña hasta alcanzar el producto terminado del azúcar. Cada explicación termina reiteradamente con un desolador verso en el que se funde la historia de violencia que ha hecho posible el azúcar blanca y refinada: "Y la violencia se encona como un machetazo en la época de las lluvias" (46-47).

El poema que cierra esta primera parte, "Introducción al símbolo de la fe"—cuyo título, en sus incesantes juegos intertextuales, el autor toma de Fray Luis de Granada —es una síntesis de la cosmovisión del autor en esta época de su vida. Es una especie de testimonio poético de un desencantado que aunque parezca estar seguro de que lo único que existe es la nada, se niega a aceptarla totalmente. El poeta ofrece su testimonio de que la lucha es lo único que justifica la existencia del ser humano sobre la tierra:

> Sé que más allá de la muerte
> está la muerte,
> sé que más acá de la vida
> está la estafa
> Sé que no existe el consuelo
> que no existe

> la anhelada tierra de mis sueños
> ni la desgarrada visión de nuestros héroes.
> Pero
> te seguimos buscando, patria,
> en las traiciones del recién llegado
> y en las mentiras del primer cronista.
> Sé que no existe el refugio del abrazo
> y que Dios es un estruendo de hojalata.
> Pero (62)

En el verbo "saber" y la conjunción "pero" descansa el contenido de este último poema de "El central". El poeta "sabe"... "pero", y este pero, en el centro dividiendo cada estrofa, es lo que determina su contradictoria esperanza, porque a pesar de lo que puede saber en cuanto a desengaños y penas, hay una extraña fe que le insta a continuar esperando, a continuar buscando, y que resume en las distintas estrofas que comienzan todas con "Pero/te seguimos buscando" para referirse a los diversos objetos de la ilusión y del deseo: "patria", "tierra", "puerta", "árbol", "sueño," "tiempo", "palabra", "poema", "dicha", "calma" (62-64). Y acentuando el sentido paródico de su fe, el poeta expresa que sigue buscando incluso "en la perenne infamia (...) en la ausencia de Dios (...) en la soledad perpetua y en el desesperado/rodar hacia la muerte" (64).

Así lo que empezó con una furiosa y frustrada explicación de la historia, termina con el ansia renovada —quizá por el mismo proceso de escribir— de la fe en algo inexplicable que irradia en Arenas por medio de la poesía, y en su constante certeza de la lucha inspiradora y la capacidad de la palabra para trascender, desenmascarar el horror y para crear mundos mejores.

"Morir en junio y con la lengua afuera", un grito de autenticidad

"Morir en junio y con la lengua afuera", la segunda parte de esta trilogía poética, es un furioso grito de autenticidad: "Dar un golpe, un grito/un aullido único, breve,/pero tuyo" (73). El tono del poema se vuelve violento. El poeta va preparando al lector para la destrucción final del último segmento del libro. Si en "El central" prima la conciencia lacerada del poeta por el continuo dolor de la historia de su país, la aflicción ahora da paso a una furia sin mesura. Las imágenes destructivas se repiten con fuerza enajenada. El espacio ya no es el del campo, donde aún permanecía la esperanza de una flor abriéndose en abril, de un aguacero cálido capaz de extraerle perfumes a la yerba húmeda, a pesar de la muerte y de la angustia. Ahora el espacio del poema es la intemperie de una vencida ciudad que se desintegra, donde se mueven vidas alienadas, y que el poeta califica de "puta en llamas (...) donde el humo abofetea siempre/los umbrales del futuro abyecto/, del presente abyecto,/del abyecto pasado" (74). Un tono de despiadada destrucción recorre todo el poema. Arenas parece vengarse de la ciudad y de su tiempo, habitado por una "juventud que se corrompe inútil y rápida" (75), como la del propio autor. El autor afirma que está en "el sitio justo del espanto/por mí pasa el intersticio de las furias" (77). Se sobreponen las imágenes plásticas con su carga onírica que dibujan el aspecto fatídico de un mundo en franca corrupción: "Una torre. Un barco perdido entre las cáscaras (...) y las palanganas (infinidad de palanganas/portando carneros desollados) simétricamente dispuestas,/subiendo el horizonte" (78). Los "carneros desollados" son los ciudadanos de la ciudad en ruinas. La clave para comprender la estrofa puede hallarse en el adverbio "simétricamente," escogido por el poeta, que le sirve para poner una nota de orden en medio de estas imágenes alienadas. Con este adverbio quiere representar la impuesta simetría de un mundo donde los ciudadanos son carneros que, como en un rebaño, aceptan en fila, ordenada y mansamente, cualquier horror.

"Morir en junio" presenta una gran intertextualidad con *El asalto*. Puede observarse que el poeta se siente en medio del horror de un mundo desesperado donde todos vigilan. Se repiten las palabras y el tono orwelliano de violencia y de muerte que prima en la novela, con imágenes destructivas que lo niegan todo, porque "en ese ronco parloteo de lata sucesivamente averiada, en ese alto barullo, perenne, inútil, ininteligible, en ese estruendo, reside la eternidad. La única que existe" (86-87). Los seres humanos se sienten aplastados por la presencia omnipotente que tiraniza: "El gran amo esta aquí; el amo vigila./El gran amo dispondrá cuánto debes vivir,/para qué sirves, cuál es tu fin" (87).

El autor vuelve al tema del padre ausente, del hijo abandonado en búsqueda perpetua del amor primero que le fue negado. El autor lleva esa ausencia grabada en su íntimo ser, como un rechazo primario, como un abandono congénito que le hace sentirse un constante desligado, un eterno marginado en busca de "el cambiante rostro de un padre desconocido/que no quiso aguardarnos" (90). El poeta se compara con Percival, el caballero medieval, abandonado por su padre y "reprimido", según Arenas, por su madre:[9] "Tu historia y la mía son las mismas", le dice a Percival, y reescribe, como reescribió a Servando Teresa de Mier en *El mundo alucinante,* un Percival atenazado como el autor por un mundo totalitario. El poeta-narrador escapa hacia Percival, pero su fuga es a la vez un reconocimiento, un desdoblamiento. Percival es su espejo o su reflejo: " Tú en Munsalwasche,/dudando por piedad de Dios mismo/Yo en Catalina de Güines revisando el marxismo/Tú admitido a la 'Tabla Redonda'./Yo obligatoriamente concurriendo a la Asamblea" (89). Arenas se escapa hacia este personaje para confundirse con él, para vivir, en el mundo de la imaginación, otra existencia, en su repetida búsqueda de la identidad a través de los dobles: "Ambos fugitivos de la realidad" (90). La comparación con Percival remite a esa especie de "el otro soy yo," porque Percival es, como Fray Servando, su otro yo, el que siente que pudo haber sido, el que desea ser. Representa de alguna manera esa otra mitad de su personalidad escindida, la otra orilla de su exilio personal. Fundirse con otro es

---

[9] Arenas plantea que las aventuras de Percival, como las de él mismo, tienen como base la huida, el deseo de escapar: "hay que alejar esa presencia (esa potencia) invisible, hay que ir al encuentro de la libertad" (98).

una forma de integrarse, de ser un todo que alivie esa fuga existencial que prima en su obra. Así los personajes históricos con los cuales se identifica le dan la posibilidad, cruzando la barrera del espacio y del tiempo, de trascender su condición de hombre en alienada fuga, para fundirse con alguien o en alguien. El poeta no deja de preguntarse cuál es la misión de ambos, por qué huyen: "*Qué buscas, qué buscamos*" (subrayado del autor) (91). Arenas no sabe lo que busca, pero acepta su incansable búsqueda como motor quizás de todo lo que le impele a seguir luchando en pos de su elusiva autenticidad. El tema de la madre opresiva, amada y odiada, se repite en la comparación entre el autor y Percival. Ambos huyen de la madre y de la opresión de su amor: "En tanto la madre nos protege con sus garras/La madre nos orienta hacia el terror" (91).[10]

Arenas retoma el tema manifiesto en "El central" de la opresión económica y política que trajo a Cuba el monocultivo de la caña: "por cada sorbo alguien hundió sus manos en la tierra/ardiendo" (92). Los turistas son los únicos que tienen libertades porque no son cubanos: "Ellos pueden marcharse. Ellos son los 'otros' (93). Su conciencia ciudadana se pregunta con agudo dolor: "Qué hemos hecho" (93). Como en *El asalto* deshumaniza al cubano de su tiempo que no ha sabido conquistar la libertad, que no ha sabido protestar con fuerza suficiente, y a quien la esclavitud va deshumanizando: "Le están saliendo pequeños garfios en las manos al hombre nuevo (...) el hombre nuevo está perdiendo el habla, la memoria, ya no ve./Son los invariables privilegios que Dios, piadoso, /concede/siempre/al esclavo" (94). La impotencia y la rabia que laten en "Morir en junio" llevan irremediablemente hacia la muerte, como en una repetida y profética alusión a la propia muerte del autor: "Si hace buen tiempo, serán mis

---

[10] En un apéndice del libro, Arenas comenta irónicamente que aunque los críticos no lo hayan notado: "la función de los críticos es no advertir siquiera lo evidente (...) la presencia de la madre que limita y condena (...) más que los caballeros, es la que impulsa a Percival a salir huyendo del bosque" (98).

funerales una fiesta" (96). No ve más salidas, sólo la muerte le aguarda al final de la opresión o al final del poema.

"Leprosorio", el estallido hacia la muerte

La última parte de la trilogía, "Leprosorio", que da título al libro, es el resultado de la desgarrada historia contada en los dos poemas anteriores. Trae la respuesta a la esclavitud y el miedo, que sólo puede ser la fuga; por eso el subtítulo de esta última parte es "Exodo". Este poema tiene también la característica estructura circular de las novelas de la pentagonía. Ese círculo areniano, como ya se ha observado, puede representar también una especie de búsqueda de su propio yo, de su centro, de ese otro ansiado que es a la vez él mismo. El uso continuo de los dobles, la multiplicidad de perspectivas y la reescritura histórica, pueden interpretarse como una indagación, a través del poema, de su propio ser marginado. La cerrada circularidad de "Leprosorio" está determinada por la misma geografía insular de Cuba, ese país cercado por el mar: "111,111 o 120,000 km2, (sic) absolutamente cerrados, acorazados por las aguas" (105). Las imágenes existenciales de la angustia se mezclan proyectando un ambiente de destrucción, de mundo arrasado, que se intensifica por la repetición de la incierta longitud de la isla: "La polvareda o el derrumbe, el manglar con su infatigable/escozor, royendo y entre la polvareda y el derrumbe, como un nido de/garrapatas, algún caserío desamparado, entregado al viento,/junto al tedio y al potrero" (105). La isla es como un largo círculo de fuego, del cual no hay salida: "Ah, cárcel, cárcel, cárcel (...) 111,111 km2 (sic) de semicallejones sinuosos/de un semipalmar y un semilago, de un semirrío y una semiciudad" (106). No hay nada auténtico, parece decir el autor con el uso de este "semi" que es una anticipación de la destrucción absoluta de la "nonoche", el "noparque" de su novela *El asalto*. Las descripciones le permiten al poeta destacar la herencia de violencia del país: "Su clima es tórrido y belicoso./Su tradición fundamental: la superficialidad, la inconstancia" (105). Los hombres son bestias que se adaptan "con su mugir reglamentario" (106). El paisaje ondulado es el culpable de la molicie, de la falta de constancia que Arenas le atribuye al cubano en este poema. La amenaza que para Virgilio Piñera fue "la maldita circunstancia del agua por todas partes"[11] Arenas la siente en "la perezosa ondulación" (106). Los elementos del paisaje, añorados y elogiados en otras obras, se vuelven terribles en "Leprosorio", como si la plataforma insular guardara dentro de sí podredumbres, miasmas que contribuyeron a deformar a su gente y a su historia: "La isla, señora de los estanques inagotables, extiende su/vaho fundamental./ Rumorosamente, el viento agita los depósitos de la contaminación" (107). Para el autor se ha perdido todo lo amable o lo dulce. El mundo que le rodea lo ha estafado y dentro de él se siente aislado, condenado a un perenne exilio del cual el solo parece tener conciencia: "Las cucarachas han ahuyentado el alma" (108). La memoria del poeta se torna en "ese dolor inconsciente,/desabrido y lejano/algo angustioso y violáceo que muere"(108). La terrible ruptura de una vida, el desolado exilio de sí mismo queda expresado en estas imágenes enajenadas: "ya que el dolor 'violáceo y desesperado'/mira para desesperarse aún más a aquel que fuiste (o que no fuiste)" (108).

En este poema Arenas duda de su infancia, de sus propios momentos de felicidad. Se burla rabiosamente de sus más queridos recuerdos ante el lacerante presente que padece, "y tú estás allí (donde nunca estuviste) tumbado boca arriba en la sabana que proyecta hacia la luna/en el quicio y el esplendor del follaje (¿Fue así?) Ja, ja, Ja" (109). Como en una inmisericorde cadena interrumpen esta especie de monólogo poético las enfermedades que arrasan con los sueños, con las esperanzas y la vida: "Palladiun Treponema/Endocarditis Lenta/Meningitis Bacteriana/Linfangitis/Confusión y Papiledema..." (110). Después estos males del

---

[11] Consultar el poema de Virgilio Pinera, *La isla en peso* (La Habana: Ediciones Espuela de Plata, 1942).

cuerpo se mezclan con los distintos regímenes padecidos históricamente por el país:

>Endocarditis Lenta
>Weyler Valeriano Dictador
>Cefalea Avanzada
>Machado Gerardo Dictador
>Neuritis Periférica
>Batista Fulgencio Dictador
>Gangrena Orgánica
>Castro Fidel Dictador... (114)

Ni siquiera el deseo, ni siquiera el erotismo, ese siempre exagerado erotismo areniano, tiene valor en este texto. El autor reconoce la dualidad eterna de la existencia humana que se debate entre el cuerpo, con sus gritos y ansias, y el espíritu tratando de elevarse a esferas superiores. Siente que el llamado del cuerpo le desvía de la aspiración hacia lo superior, incluso del anhelo de creación a través de la escritura. Reconoce que el erotismo no es más que una evasión del tormento exterior, un falso y momentáneo alivio a la frustración: "¿Cómo impedir que la desolación, la claridad y el sopor aneguen tu propia desesperación, y las inmediatas reclamaciones se instalen en tus venas y tus manos busquen no las hojas en blanco, sino lo tibio y lo húmedo, lo ardiente y estupidizante, el bálsamo justo a este panorama desesperado y vacío?"(109-110). Los cuerpos deseados se convierten en espacios vacíos que acrecientan la íntima y existencial soledad del poeta: "Como sombras radiantes para ser observadas sólo de lejos?/pasan rozándote/y al tocarlas, al minuciosamente investigarlas, algo te dice: *nada*" (111. Enfasis de Arenas). Lacerantemente se repiten a lo largo del poema los mismos desolados sentimientos, exentos de ilusión y esperanza:

>Cuerpo de la Soledad, la misma desnudez tocada,
>qué nos muestra sino la inmensa, desoladora visión de
>>(nuestra)
>
>desnudez intacta.
>¿Estuvo?
>¿No ha estado?

> ¿Se ha ido?
> ¿Ha llegado?
> (¿Qué más da?)
> ¿Cómo era el cuerpo, el otro cuerpo, aquel cuerpo,
> (aquellos)
> cuerpos?
> En la deteriorada memoria todos se confunden y funden
> hasta formar un solo cuerpo, el gran cuerpo
> el único cuerpo poseído,
> cuerpo constante, desesperado y ardiente
> Cuerpo de la Soledad. (112)

El enajenado monólogo de la soledad encierra la ignominia cotidiana y la denuncia de un espanto que el autor sabe que no puede hacer entender, porque "si usted no lo vio, cómo puedo mostrárselo" (114). Ha visto torturas, ha visto el oprobio de la patada, de la bofetada y la injuria, del asesinato directo sin castigo y sin temor, porque cuando el estado es el que asesina los criminales se sienten seguros. En este fragmento las ratas, como ya se vio también en la autobiografía de Arenas, son un símbolo existencial del horror y de la inmundicia; voraces, traicioneras y sucias son un reflejo del mismo sistema:

> A mordiscos y a chillidos se amontonan unas sobre las
> otras, fornicando o disputándose quién sabe qué efímera
> porción de inmundicia.
> Y todo con tal desfachatez, con tan ostensible confianza,
> tan dueñas de la situación y del lugar
> que de un momento a otro parece que van a mostrarnos
> sus certificados de propiedad. (116)

Arenas se basa en las condiciones climáticas de la isla para lograr la estructura ciclónica de su obra, que puede verse como un gran círculo girando sobre sí mismo. El propio autor expone la estructura del poema que va, como dice refiriéndose al paisaje y a los árboles, "replegándose y avanzando dentro de una atmósfera de alucinada tensión ciclónica" (118). El país se ha convertido en una "rítmica pudrición" (117). Esa misma es la composición que le ha dado al poema en el cual tiempo e historia avanzan dando saltos, agazapados en un intenso clima de fiebre, relajado sólo a ratos por la cáustica ironía del autor.

Arenas se dedica durante varias páginas a dar la otra cara del ambiente tropical: la descomposición por las lluvias, la locura de los vientos, la pesadez del calor y el sol corrompiendo la vida. De una forma aun más fiera que en los dos poemas anteriores, "Leprosorio" es una ácida venganza contra lo que el autor considera como el carácter nacional: "'Siento una voz que me llama', canta desgañitándose la mulata cuyas nalgas patrocina la nación" (118). Es un tono de rabia y de venganza contra el país cuyas características define en un breve verso: "111.111 km2 de superficialidad./111.111. km2 de pereza. / 111.111 km2 (sic) de inconstancia" (120). Se desboca el monólogo en un crescendo de destrucción y veneno donde entran, en una especie de rapsodia sin pausa, todas las enfermedades, junto a la sensación de la nada, de que la vida no es más que una sombra: "¿Qué hondo dolor, qué gran amor que el sol no puede/desteñir ni el mar borrar/alguien en tu honor notará que le falta y que es irreparable?/Ja ja ja: Nadie te percibirá realmente./Cuando tú ya no estés/(Cuando yo ya no esté)"(127). El autor y tú son la misma persona, el tú y el yo que se unen en la muerte presentida siempre en toda su obra. Pero al final, como un torbellino desesperado, ese interlocutor, ese tú lleno de enfermedades y de frustraciones, cercado por el exilio interior, se rebela y se escapa: "Correr/entre el tiroteo y el azote del cielo (…)/dejando atrás/la intransferible configuración de nuestros 111,111 km/cuadrados/(…) de leprosorio "(129-130). Termina con esta fuga suicida, un ciclo de opresión cuya única respuesta entraña también una nueva desesperación: el exilio que desde todos sus ángulos cimenta la obra de Reinaldo Arenas.

Voluntad de vivir manifestándose: el escepticismo vital

Este breve poemario lo integran una serie de poemas escritos en distintas etapas de la vida del autor que, recogidos en forma de libros, presentan las constantes del escritor cubano. El libro dividido en cuatro partes, con poemas en verso libre, prosa poemática y una sección completa de sonetos abarca desde 1969 a 1989. La continuidad de los temas arenianos le dan unidad a este libro dentro de su obra. Porque estos poemas sueltos escritos a lo largo de su vida son "inspiraciones furiosamente cronometradas de alguien que ha vivido bajo sucesivos envilecimientos," y representan "el fruto de la venganza cumplida". Es un libro que muestra "el infierno, la única porción de realidad que me ha tocado vivir."[12]

Voluntad de vivir manifestándose incluye poemas de denuncia, primero del régimen cubano y después de denuncia social en Estados Unidos junto a poemas de preocupación metafísica y existencial. La nostalgia invade la primera parte, la nostalgia de una juventud a la que han cortado las alas y se desintegra en la atmósfera represiva del país natal. Siempre está latente la nota autobiográfica porque los poemas surgen de las propias vivencias del exilio del poeta. Una mirada al índice muestra que el gran tema que da unidad al libro es la muerte y en el centro de ésta, como estableciendo una línea de equilibrio en la tensión vida-muerte, la escritura como única salvadora de la muerte. El título del poema "Esas espléndidas diosas" anuncia la importancia de la palabra, porque para el autor la escritura afirma la tenaz permanencia de la vida de la humanidad con su acuciante deseo de ascender a estados más elevados, más allá de todos los exilios y de todos los olvidos: "Esos milagros, esas mentiras, esas tribus errantes,/esa cruz,/esa leyenda, ese amor, esos mitos y esas verdades/que nos enaltecen, justifican y proyectan/no existirían/si voces emocionadas no se hubieran dado a la tarea de cantar en la sombra" (20). El uso anafórico de los demostrativos lleva un matiz de vitalidad a la estrofa y señalan el sentido histórico de la escritura. Con este poema Arenas reafirma la misión del poeta de contar, de decir, para que quede constancia de la lucha, del sufrimiento por elevarse hasta la belleza

---

[12] Esta cita y las siguientes han sido tomadas de la edición de *Voluntad de vivir manifestándose* (Madrid: Betania, 1989) 6.

creadora que dignifica la existencia humana.

La sección "Sonetos desde el infierno" parece estar inspirada en los sonetos metafísicos de Quevedo. Hay en la poesía de Arenas algo de esa "frustración vital" del poeta español de que habla María del Pilar Palomo.[13] El barroquismo conceptual, que se nutre de pérdidas y desgarramientos similares, acerca a ambos autores, cruzando la barrera de los siglos, para mostrar que la vida del ser humano implica una suma de rupturas. Quevedo desengañado y desterrado en el siglo XVII es pariente existencial de Arenas perseguido, repudiado y exiliado cuatro siglos después. Los 37 sonetos de esta sección, en el centro del libro, contienen la palabra muerte 61 veces, sin contar otras referencias a la muerte como "horror," "espanto," "nada" que se repiten varias veces en estos sonetos. Arenas se vale de los tópicos medievales, pero les impone una connotación aun más desolada que la que les impuso la poesía del barroco. La danza de la muerte se convierte en una especie de desdoblamiento enajenado del poeta: "mientras más iba corriendo,/más claro divisaba en la distancia/mi cuerpo en el barullo repitiendo/todos los movimientos de la extraña alianza" (30). La añoranza tradicional del *ubi sunt* se trueca en el terror del pasado, añorado hoy en medio de un presente aún más terrible: "Ya verás algún día qué es espanto/y evocarás este espanto cual caricia (...) este espanto que es brasa en la garganta/mañana habrá de ser quemada planta;/pasado, por esa ceniza llorarás" (39). La rosa pierde su belleza natural para convertirse en una parodia de sí misma, en una imagen de pesadilla, que ha perdido su olor y color característicos. La rosa de Arenas "está pintada de rosado" (60) y es un "amasijo de púas y de dientes" (60). La muerte en lugar de puente para la eternidad se convierte para Arenas en la desengañada certeza de la nada:

Jamas podré explicarme que la muerte,

---

[13] María del Pilar Palomo. *La poesía de la edad barroca* (Madrid: Sociedad General Española de Librerías, 1975) 119.

> siendo como es, sencillamente muerte
> transfiera esa sensación de ver la muerte
> como un río que nos lleva hacia otra muerte.
> ¿Qué, después de la muerte sino muerte
> puede haber si vivo sólo hay muerte?(45)

Su concepción de la vida como muerte se observa en la estructura del poema, en el cual cada línea termina en la palabra "muerte," como la misma vida. Por tanto, el poeta logra una apretada relación forma-contenido, al expresar sintácticamente lo que proclama conceptualmente. Las antítesis quevedianas se acumulan en los versos del escritor cubano, para quien el vivir es ya parte de la muerte, como en Quevedo para quien: "Vivir es caminar breve jornada/y muerte vida es, Liceo, nuestra vida (...) cada instante en el cuerpo sepultada."[14] El moralismo desengañando de Quevedo: "¡Oh cuánto, inadvertido, el hombre yerra: que en tierra teme que caerá la vida,/y no ve que, en viviendo, cayó en tierra!" (4), se vuelve crudo y cínico escepticismo en Arenas: "Detrás de todo el fango que asfixia/hundiéndose más y más en el espanto,/se esconde el gran fanguero que propicia/tu resbalar más hondo hacia el espanto" (39). La tierra se convierte en la imagen alienada del fango que cubre el espacio en que vive y le ahoga. Arenas hurga en el sentido de la existencia, denunciando con sus metáforas todas las opresiones y ataduras que van contra la dignidad humana. Así, el fango que lo asfixia es una imagen de la opresión que padece su país. El tiempo cobra en ambos poetas un sentido existencial. Mientras el poeta español se da cuenta de que: "Ayer se fue; mañana no ha llegado,/hoy se está yendo sin parar un punto:/soy un fue, y un será, y un es cansado" (3), Reinaldo Arenas comprende que: "Todo lo que pudo ser, aunque haya sido/jamás ha sido como fue soñado" (34). Para Quevedo la vida se está yendo, de las expectativas de su pasado y su futuro sólo queda el presente cansado, sin ilusiones, se da cuenta de la inutilidad de la lucha en que gastó su vida, y surge el desencanto barroco al pensar que pudo

---

[14] Francisco de Quevedo. *Poesía* (México D. F: Editorial Porrúa, 1994) 8.

haberla vivido de otra manera. En cambio, para Arenas, la vida es una total estafa. En su perenne insatisfacción no puede haber paz. Vive en la continua tensión de tratar de alcanzar una perfección inexistente, porque su inconformidad interna le impide tener expectativas razonables. El poeta busca algo que sabe que no existe, y por lo tanto sólo le puede quedar: "la oscura intuición de haber vivido/bajo perenne estafa." (34). A través de las yuxtaposiciones de las figuras contradictorias, Arenas muestra su misma vida fragmentada siempre en la continua tensión barroca de vida-muerte, lucha-nada, libertad-opresión, verdad-estafa, estruendo-silencio, huida-regreso, amor-soledad. La constante escisión del ser enajenado del poeta se plasma en uno de los sonetos en que se ve a sí mismo en el futuro, ya como desterrado, debatiéndose en la eterna polaridad huida-regreso: "Decir adiós es acortar la pena,/y yo me quedo porque yo soy dos./Andaré en otro tiempo envilecido/pensando en el náufrago que fui./¿Ansias de regresar? Sí, las tendré/Junto a la dicha de ya haber partido" (67). Incluso antes de vivir en el exilio territorial ya siente la dualidad interna de no pertenecer a ninguna parte, porque la misma vida que ha vivido ha sido desviada del cauce natural de la historia. El poeta ha perdido el sentido de pertenecer a algún sitio, a algún tiempo o de pertenecerse; su yo se ha descentrado, dividido, formado por huidizas mitades que se han quedado fuera de espacio y de tiempo. "Sólo la vida se ha como extraviado,/atada a otro tiempo, a otras pesadillas,/que no pertenecen al presente ni al pasado" (35). Sin dudas, Arenas siente la garra de la opresión destruyéndolo todo, por eso repite las imágenes simbólicas de la asfixia:

> Mano que asfixia sin dejar sus huellas,
> mano que estrangula a ahorcado y lazo
> en nombre de un futuro iluminado,
> somete al presente, cambia estrellas,
> para luego borrar de un ramalazo,
> lo que millones de siglos han formado. (54)

Otro tema constante en esta sección de sonetos es el repudio social al amor homosexual. Su marginación y desolación se entrelazan en la dualidad amor-muerte, porque en su país este tipo de relación amorosa está condenada de antemano: "Entre tú y yo siempre se impone/la consigna: ¡Aquél, aniquilarlo!/Así nuestro amor ya presupone/la hoguera que vendrá para borrarlo" (32). Se siente como un vagabundo y un paria en su propia tierra que no puede avanzar hacia el futuro porque está vedado para los hombres como él. La antítesis vida-muerte marca el vivir entre dos vidas del autor, que se debate inmerso dentro del eterno claroscuro barroco donde se diluye su silueta en un "paraje calcinado/(...) Sin vivir, luchando por la vida./ Sin cabeza, poniéndonos sombrero (...) Vagabundos sin tiempo y sin espacio" (32). El autor y su amante no pueden soñar porque contra todo sueño aparece la árida realidad para destruirlo, "y el sol su imagen rota nos devuelve" (33). El sol y la luz aparecen como la realidad que es también la realidad física de la isla llena de sol, cuya claridad no les da espacio a los amantes para ocultarse en las sombras de una noche cómplice, porque hasta la noche es enemiga: "una noche incesante nos envuelve,/nos enreda los pies, nos entorpece" (33). Con esta imagen el poeta representa la falta de libertad individual y social que hace que los ciudadanos carezcan de esperanza y de futuro, y se sientan rodeados de una atmósfera oscura y represiva donde: "De extremo a extremo, el mar está infestado/de extraños garfios, armas y flotillas" (35). Pero el poeta se rebela, se niega a sentirse rechazado por su condición homosexual y en un soneto hace una apología de los aportes artísticos de personas que como él fueron marginados, locos, suicidas, homosexuales:

> De modo que Cervantes era manco (...)
> Ay de mí, también Shakespeare era maricón.
> También Leonardo y Federico García,
> Whitman, Miguel Ángel y Petronio,
> Gide, Genet y Visconti, las fatales.
> Esta, es señores, la breve biografía (...)
> de quienes son del arte sólidos puntales. (40)

El mar y la muerte, símbolos permanentes de la obra de Arenas, reaparecen en un largo poema titulado "Mi amante el mar." Este mar es un mar personificado, como si en realidad fuera alguien que le hiciera la vida más amable al poeta. Empieza con una carta que denota las condiciones degradantes que padecen los ciudadanos de su país, carentes del más básico derecho: la posibilidad de tener un techo. En la carta la esposa del autor[15] solicita al gobierno que les entregue una habitación que sería "una gran dicha/Lo más que podemos aspirar" (71). El último verso lo forma sólo la terminación del infinitivo verbal, "rar"; esta extraña división que deja la última frase trunca, reafirma la ironía que encierra la carta, que casi suplica, mendiga un cuarto. Enseguida el poeta irrumpe para contar lo que ve. La repetición del "Yo veo", refuerza el carácter dolorosamente testimonial de este poema: "Yo veo mujeres de rostros sedientos./Yo veo mis manos engarrotándose" (71). Son tantas las cosas terribles que el poeta percibe, que la escritura se niega a fluir ante la angustia de saberse espiado y perseguido: "Yo veo que otra vez han tratado de forzarme la puerta" (72). Se siente abrumado por la congoja de no poder evitar ser testigo de un tiempo terrible: "Yo veo que marcho torpe sobre el teclado/y esto que digo me cuesta bastante trabajo" (72). Se detiene para observar a su alrededor y hacer un recuento de su habitación, de sus pobres carencias: "Veo veintisiete quilos en el bolsillo/una camisa sucia torpemente colgando del perchero" (72). Ve su propia impotencia y su ansia desesperada de buscar algo, de huir en esa búsqueda eterna del poeta. En este poema, Arenas intercambia los sujetos, tan pronto se dirige a sí mismo con la segunda persona del singular, como vuelve al yo poético, acosado en su existencial desgarramiento entre el mundo físico y su mundo imaginario de belleza, donde pervive, "la extraña nave, el fuego unánime/o el ave legendaria-águila, cigüeña, sirena, logogrifo, urogallo/o ratón volador que en su fuerte pico/te transporte y redima" (73); pero la realidad altera y destruye su visión poética y su

---

[15] Arenas estuvo casado brevemente con el fin de conseguir una habitación como explica en su autobiografía *Antes que anochezca*.

esperanza de huida: "¿(...) te ves / solo, fluyendo acompasadamente entre la/escoria, imitándola,/agrandándola?" (73). Y de nuevo se vuelve al mundo de la fealdad cotidiana: "Yo veo/Maricas violetas./Viejas rojas. Policías Verdes" (73). El poema continúa con un ritmo angustioso donde las preguntas retóricas se repiten lacerantes, como un cuestionamiento desesperado del poeta ante su propia vida, ante su agobiante incertidumbre interior, ante su asfixia vital: "¿Qué que nunca podré alcanzar/y sin embargo presiento que/sin ello/ no podré seguir viviendo/busco? ¿Qué estoy buscando?" (75). Pero el poeta no tiene respuesta, sólo tiene su "estupor (...) ante esas fijas armonías que nos excluyen?" (75). El poeta, buscador de imposibles, está condenado para siempre a ser un extraño, a habitar la penuria sabiéndose víctima de una penuria mayor, en una lúcida e inconforme soledad: "Desamparado en medio de figuras desamparadas: oh/desamparo mayor./Solo girando entre solitarias figuras:/oh soledad mía (...)/ estafa mía que/yo solo conozco. Delirante e insatisfecho... (76).

En medio de esa enajenada angustia el poema toma un ritmo suicida. Aparecen las moscas simbólicas, prefiguradoras de la muerte: "(La tapa de limón se cubre de moscas)" (78). Es como la mosca que se posó sobre el rostro muerto de Fortunato en *El palacio de las blanquísimas mofetas*, y más tarde reapareció en *El portero*. La tapa tirada, vacía, inútil, es un símbolo de la muerte del cantor, para la cual se arregla, se perfuma y engalana listo ya para la huida final del horror intolerable que queda tras él: "Mi amante el mar me aguarda (...) *No pienses que te vigilan y corre; no oigas los disparos y huye. Sigue huyendo, huyendo siempre, huye*"(78) (Subrayado del autor). El poeta se echa al mar para huir y morir. Reinaldo Arenas culmina, una vez más, una obra con el suicidio como la sola escapatoria y la única posible liberación: "Libre al fin, muerto al fin. Cabalgando en tus brazos" (80).

La última sección de *Voluntad de vivir manifestándose* la integran poemas hechos en el exilio. La voz del poeta desde el exilio territorial es la voz de quien parece haber comprendido que todas las huidas son falsas, que no son más que evasiones de sí mismo, porque por dentro continúa descentrado. En el exilio territorial después de las penas y las furias de los primeros tiempos, los sentimientos del poeta van aquietándose. "El otoño me regala una hoja" es una sección de versos en los que se observan todas las etapas sicológicas del exiliado: denuncia, grito, rechazo, añoranza, interiorización, y una vaga y queda partícula de esperanza, quizás producto del aprendizaje del vivir en libertad, comienza a florecer en un medio menos brutal, menos cruel. Las comparaciones entre la juventud libre, vital, desenfadada y alegre de Nueva York, que protesta y denuncia cuanto quiere, se contrapone a la juventud perdida, frustrada, asesinada de su Cuba, en la comparación dolida de este poema de 1981: "Pero si te llamaras Nelson/ni siquiera en el momento en que la metralla entra en tu cuerpo/podrías gritar/como gritas aquí defendiendo impunemente a los verdugos" (88).

En esta sección también hay sonetos satíricos contra personajes del exilio, y la denuncia de una sociedad que permite, en medio de la riqueza, el hambre y la indigencia: "Yo soy ese niño de cara redonda y sucia/que en cada esquina nos molesta con su 'can you spare one quarter?'" (96). El poeta se identifica con ese niño marginado y pobre a quien la sociedad le ha fallado: "ese niño, ese niño/ese niño de cara airada y sucia que impone arduas y siniestras revoluciones" (96). El mundo del consumo, que no respeta ni los viejos mitos, es otra crítica evidente en "Dracula Loses his Cold Blood." El uso del inglés es una nota destacable en estos últimos años, en que sus poemas llevan palabras, versos en inglés, especialmente cuando quiere llamar la atención sobre la carga irónica: "Ay, y esa sangre que succiono, consecuencia de una dieta estrictamente balanceada/(healthfood and sugarfree)/ni siquiera llega a ruborizarme" (98). Se alternan las voces del poeta narrador en tercera persona y la de Drácula en primera persona y en cursivas, burlándose del mundo del consumo, de los turistas y de una sociedad donde ya el misterio no seduce.

"Oh sole mío" es un poema de añoranza. El poeta se siente rodeado de un paisaje ajeno y pide su sol: "no dejes que sucumba ante el helado panorama/poblado sólo de máscaras inhóspitas (máscara yo también)" (102). Teme ir perdiendo su identidad, dejándose habitar por máscaras extrañas. Por eso hace entrar al mar de nuevo, por el milagro de la poesía, el mar añorado y perdido. Pero ya no es el mar transparente de su recuerdo, al cual se le han superpuesto otros mares, los del exilio: "Ya no tenemos el mar,/pero tenemos voz para inventarlo (...) Mares repletos de excrementos/de gomas de automóviles (...) Mares de inescrupulosos traficantes (...) mares de cuerpos balaceados" (104). Son los mares del horror que el poeta conoce. Ese poema es como un compendio extractado de su propia historia, y muestra que está seguro de que llegará un día en que el pueblo de Cuba hará justicia, "y las aguas hirvientes de la furia (...) se alzarán victoriosas con sus víctimas/hasta formar un solo mar de horror (...) sin tiempo y sin orillas sobre el abultado vientre del verdugo" (105). En "El otoño me regala una hoja," el poema que da título a la sección, reaparece su amor a la palabra, la escritura como salvación y refugio de su exilio. La hoja del árbol semeja para Arenas, "una hoja blanca de papel,/ patria infinita del desterrado" (108). El libro se cierra con su propio epitafio; es de 1989, y ya está enfermo de SIDA. Sin embargo, este poema no tiene la desgarrada furia de sus versos de la primera parte, sino que hay en el "Epitafio" un tono jocoso, con el cual confiesa que "hasta el más sórdido horror tiene su encanto. Conoció la prisión, el ostracismo,/el exilio, las múltiples ofensas" (110). Aunque el mismo autor reconoce la profunda marca de sus exilios, no existe en este poema la amargada desolación de poemas anteriores. Arenas parece darse cuenta de que "siempre lo escoltó cierto estoicismo/que le ayudó a caminar por cuerdas tensas/o a disfrutar del esplendor de la mañana." Por eso afirma en el mismo poema que cuando más honda era su desesperación, siempre "surgía una ventana/por la cual se lanzaba al infinito". Esa ventana, o esa puerta se la abrió siempre la escritura, que fue para

Arenas como una misión que daba sentido a su vida, y para la cual vivió apasionadamente.

Conclusión

El presente estudio de la obra de Reinaldo Arenas pretende poner de manifiesto cómo las condicionantes de exilio animan y perfilan su producción total. Con sus propias vivencias y circunstancias, el autor ha creado una obra vital y sobrecogedoramente furiosa cuyos temas repetitivos se enlazan de una a otra novela, de un verso a un ensayo, en constantes entrecruzamientos que tratan de desentrañar y recrear su historia personal y la de su país. La constante intertextualidad autobiográfica de la obra de Reinaldo Arenas, su uso de los desdoblamientos, la violencia verbal de su discurso, su erotismo transgresivo, su continua obsesión con el suicidio y la muerte, el odio-amor a la madre, la búsqueda del padre y la airada denuncia política son consecuencias del intrínseco carácter de exilio de su vida, tanto personal como social.

Aunque su obra literaria abarca un periodo histórico de más de cuarenta años, fundamentalmente la condición de este escritor, marginado y disidente en una sociedad férreamente reprimida, crea un gran cuerpo de denuncia contra el gobierno totalitario de Cuba. Pero su protesta no se centra solamente en su país, sino que se convierte en un grito de rebeldía frente a cualquier forma de opresión y la carencia de una genuina libertad que impida la autenticidad del ser humano en un sentido atemporal y universal.

El vivir en exilio, tanto interior como exterior, es presencia constante y abarcadora que determina el tema, la estructura y el lenguaje de la obra areniana. Se observa, en primer lugar, en motivos repetitivos y en la perenne ansia de fuga, no sólo del lugar de la opresión política, sino de su propio encierro interior, lo que le lleva a evadirse hacia el mundo de la creación, en un deseo de romper límites, que marca su escritura con un carácter casi explosivo.

Arenas es un autor que gira constantemente sobre sí mismo, indagando en su propia conciencia atormentada, deseando desentrañar su identidad, por lo cual le da una estructura de círculo cerrado a muchas de sus obras. El desarraigo innato es la esencia de este autor, casi siempre personaje él mismo, que se desdobla y se revela en la escritura fragmentada y en un lenguaje que se manifiesta en la repetición de palabras como estafa, estruendo, furia, nada; en el uso yuxtapuesto de los pronombres demostrativos y adverbios de lugar, éste y aquél, aquí y allí, y en el empleo iracundo de improperios y palabras soeces cuando arremete contra las personas y circunstancias que lo acosan. La conciencia enajenada del autor le impide arraigar en las cosas, por lo cual arremete contra ellas. Su escritura, por tanto, es una venganza contra ese mundo que le asfixia desde su nacimiento. Su arma es la ironía, el sarcasmo, la vulgaridad, la exageración, el erotismo exacerbado, ofensivo.

Al analizar su obra no se puede evadir cierta monotonía que se deriva del carácter obsesivo de Arenas. Y también, desde luego, tampoco se pueden olvidar las múltiples influencias de este autor, entre las cuales prima la misma vida contemporánea de destierro, guerras y opresión. Arenas padeció no un solo tipo de exilio, sino varios, por lo cual el mundo y la historia que recrea y reescribe una y otra vez son vistos desde la perspectiva atormentada del marginado, del rechazado. La muerte y el suicidio son temas que surgen de sus propias vivencias violentas y opresivas y de su íntimo desarraigo. La vociferada homosexualidad de su obra y de su vida es un grito de rebeldía, pero también un gemido de angustia por esa diferencia que le marca y aliena desde su niñez. El homoerotismo transgresivo que permea su obra es una puerta de salida, una evasión a su angustia interior. No obstante, aunque sus novelas y poemas escritos en Cuba manifiestan su perenne buscarse para volver a huir sin hallar jamás asidero, en algunas novelas escritas en el destierro se vislumbra cierta apertura a nuevos temas y horizontes y quizá hasta una cierta esperanza de orden espiritual que la muerte, desgraciadamente, no le dio tiempo de desarrollar.

Bibliografía

1. Obras de Reinaldo Arenas

Novelas:
Celestino antes del alba. La Habana: UNEAC, 1967. Otras ediciones: Buenos Aires: Editorial Brújula, 1968; Buenos Aires: Editorial Centroamericana, 1970; Buenos Aires: Centro Editor de América Latina, 1972; Caracas: Monte Avila Editores, 1980. Edición española revisada con el título de *Cantando en el pozo*. Barcelona: Argos Vergara, 1982.
El mundo alucinante. Una novela de aventuras. México: Editorial Diógenes, 1969. Otras ediciones: Buenos Aires: Editorial Brújula, 1969; Barcelona: Editorial Montesinos, 1981; Caracas: Monte Avila Editores, 1982 (con prólogo del autor del 13 de julio de 1980); Barcelona: Tusquets Editores, 1997.
El palacio de las blanquísimas mofetas. Caracas: Monte Avila, 1980. Otras ediciones: Barcelona: Argos Vergara, 1983.
La Vieja Rosa. Caracas: Editorial Cruz del Sur, 1980.
Otra vez el mar. Barcelona: Argos Vergara, 1982.
Arturo, la estrella más brillante. Barcelona: Montesinos, 1984.
La Loma del Angel. Miami: Mariel Press, 1987. Otras ediciones: Miami: Ediciones Universal, 1997.
El Portero. Málaga: DADOR, 1989.
Viaje a La Habana. Miami: Ediciones Universal, 1990 (Contiene tres noveletas: "Mona", "Que trine Eva" y "Viaje a La Habana").
El asalto. Miami: Ediciones Universal, 1991.
El color del verano. Miami: Ediciones Universal, 1991. Otras ediciones: Barcelona: Tusquets Editores, como *El color del verano o "Nuevo Jardín de las Delicias"*, 1999.

Libros de ensayos:
Necesidad de libertad. Mariel: testimonios de un intelectual disidente. México: Kosmos-Editorial, 1986 (Incluye ensayos, artículos y cartas).
Meditations de Saint Nazaire. Saint-Nazaire: Arcanes/MEET, 1990. Edición bilingüe. Trans. Liliane Hasson (Contiene tres ensayos).

Autobiografía:
Antes que anochezca. Barcelona: Tusquets Editores, 1992.

Libros de cuentos:
Con los ojos cerrados. Montevideo: Editorial Arca, 1972.
Termina el desfile. Barcelona: Seix Barral, 1981.
Adiós a mamá: de La Habana a Nueva York. Miami: Ediciones Universal, 1996.

Libros de poemas:
El central. Barcelona: Seix Barral, 1981.
Voluntad de vivir manifestándose. Madrid: Editorial Betania, 1989 (Esta edición reúne casi todos sus poemas cortos y dispersos).
Leprosorio (Trilogía poética). Madrid: Editorial Betania, 1990. (Contiene "El central", "Morir en junio y con la lengua afuera" y "Leprosorio").

Teatro:
Persecución. Cinco piezas de teatro experimental. Miami: Ediciones Universal, 1986.

Adaptaciones:
Lazarillo de Tormes. New York: Regents Publishing Corp. , 1984.

Canciones:
"Himno" y "Una flor en la memoria" con música de Olivier Ameisen, Nueva York, 1988.

2. *Trabajos críticos sobre la obra de Reinaldo Arenas*

Abreu, Juan. "*El central*, una inspiración suicida." *Mariel, Revista de Arte y Literatura* (Miami, 1983) 1: 24.
Anhalt, Nedda G. de. "Reinaldo Arenas: Opiniones." *Vuelta* S/N (1991): 72-73.
Alba Bufill, Elio. "Constantes temáticas en 'Termina el desfile'." *Reinaldo Arenas: alucinaciones, fantasía y realidad.* Eds. Julio Hernández Miyares y Perla Rozencvaig: 38-40.
Alvarez García, Imeldo. *La novela cubana en el siglo XX.* La Habana: Editorial Letras Cubanas, 1980: 80.
Arroyo, Anita. "*El mundo alucinante*, novela reveladora." *Narrativa Hispanoamericana Actual* Universidad de Puerto Rico: Editorial Universitaria (UPPED), 1980: 352-254.
Barquet, Jesús. J. "Conversando con Reinaldo Arenas sobre el suicidio." *Hispania* 74 (1991): 934.
Barreda, Pedro. "Vestirse al desnudo, borrando escribirse: *El central* de Reinaldo

Arenas". *Boletín de la Academia Puertorriqueña de la Lengua Española* 12 (San Juan, 1984): 25-37.

Barrientos, Juan José. "Reynaldo Arenas, Alejo Carpentier y la nueva novela histórica hispanoamericana". *Revista de la Universidad de México* 50, 416 (1985): 16-24.

Beaupied, Aida M. "De lo anecdótico a lo conceptual en *El mundo alucinante* de Reinaldo Arenas." *Revista de Estudios Hispánicos* 11 (1984): 133-142.

Borinsky, Alicia. "Reescribir, escribir: Arenas, Menard, Borges, Cervantes, Fray Servando." *Revista Iberoamericana* 49 (1975): 92-93; 605-616.

Bush, Andrew. "The Riddled Text: Borges and Arenas." *MLN* CIII (1982): 374-397.

Cazamalou, Jean. "*Farewell to the Sea* de Reinaldo Arenas ou l'exil intérieur." En *L'Ici et l'ailleurs: Multilinguisme et multiculturalisme en Amérique du Nord.* Ed. Jean Beranger. Bordeaux. Presses de l'Université de Bordeaux, 1991.

------."Espace et liberté dans *The ill-fated peregrinations of Fray Servando*" de Reinaldo Arenas. *Annales du Centre de Recherches sur l'Amérique Anglophone* 15 (1990): 35-50.

Ellis, Robert Richmond. "The Gay Lifewriting of Reinaldo Arenas: antes que anochezca.*"A/B: Auto/Biography Studies* 10:1 (1995):126-44.

Eloriaga, Elena. "Escritura y repetición. *El mundo alucinante."* *Plaza. Revista de Literatura* 9-10 (1985-86): 48- 56.

Estévez, Abilio. "Between Nightfall and Vengeance: Remembering Reinaldo Arenas."*Michigan Quarterly Review* 33 (1994):859-867

Ette, Ottmar, ed. *La escritura de la memoria. Reinaldo Arenas: Textos, estudios y documentación.* Frankfurt am Main: Vervuert Verlag, 1992. Incluye una bibliografía completa.

Fernández de la Vega, Oscar. "Trenzamientos estructurales en *El central.*" En *Reinaldo Arenas: Alucinaciones, fantasía y realidad.* Eds. Julio Hernández Miyares y Perla Rozecvaig: 171-175.

Foster, David William. "Consideraciones en torno a la sensibilidad gay en la narrativa de Reinaldo Arenas." *Revista Chilena de Literatura* 42 (1993): 89-94.

González Mandri, Flora María. "La figura del círculo en la obra de Reinaldo Arenas." *En Independence and Enlightenment: The Problem of Cultural Dependency* : 23-24.

González, Echevarría, Roberto. "An Outcast of the Island." *The New York Times Book Review* 24 Oct. 1993: 30-33.

Goytisolo, Juan. "*Arturo, la estrella más brillante." Reinaldo Arenas: alucinaciones, fantasías y realidad.* Eds. Julio Hernández Miyares y Perla Rozencvaig. Glenview, IL.: Scott, Foresman/Montesinos, 1990: 180-181.

Hernández-Miyares, Julio E. " 'Adiós a mamá': un libro inédito de Reinaldo

Arenas." *Círculo: Revista de Cultura* 21 (1992):77-88.
Hernández-Miyares, Julio y Rozencvaig, Perla, eds. *Reinaldo Arenas: alucinaciones, fantasías y realidad*. Glenview, IL.: Scott, Foresman/Montesinos, 1990.
Jiménez, Onilda. "Cuba: elemento recurrente en la narrativa de Reinaldo Arenas." *Círculo: Revista de Cultura* 21 (1992): 89-98.
Koch, Dolores M. "Reinaldo Arenas, con los ojos cerrados , junio 16, 1943- diciembre 7, 1990." *Revista Iberoamericana* 57 (1991): 687-88.
Lugo Nazario, Félix. "La estructura ausente en *Celestino antes del alba*." *Círculo: Revista de Cultura* 21 (1992): 53-60.
___. *La alucinación y los recuerdos literarios en las novelas de Reinaldo Arenas*. Miami: Ediciones Universal, 1995.
MacAdam, Alfred. Trans. "Reinaldo Arenas's Last Interview." *Review* (1991): 78-83.
___. *El portero* de Reinaldo Arenas. *Círculo: Revista de Cultura* 21 (1992): 61-66.
Méndez Rodenas, Adriana. "*El palacio de las blanquísimas mofetas*: ¿narración historiográfica o narración imaginaria?" *Revista de la Universidad de México* 39. 27 (1983): 14-21.
___. "Repetición y paralelismos en la prosa narrativa: El mundo alucinante de Reinaldo Arenas." *Crítica semiológica de textos literarios hispánicos. Actas del Congreso Internacional sobre semiótica e hispanismo II*. Ed. Miguel Ángel Garrido (Madrid, 1986): 457-469.
___. "La economía del símbolo en la narrativa de Reinaldo Arenas." *Reinaldo Arenas: alucinaciones, fantasía y realidad*. Eds. Julio E. Hernández Miyares y Perla Rozencvaig. Glenview, IL.: Scott, Foresman/Montesinos, 1990: 65-79.
Miaja de García, María Teresa. "Lo verosímil y lo inverosímil en *El mundo alucinante.*" Diss. Centro de Estudios Lingüísticos y Literarios, el Colegio de México, 1977.
Mocega González, Esther P. "Sobre *La Vieja Rosa* de Reinaldo Arenas y la vieja temática de la vida". *Hispanoamérica. El círculo perpetuo* 51. Valencia: Albatros, Ediciones Hispanófila, 1988: 11-31.
Morales, Alejandro. " 'Y no se lo tragó la tierra.' La tradición oral como estructura en la cultura posmoderna." *Nuevos Textos Críticos* 3.1 (1990): 153-58.
Muller, Helen G. "El homosexualismo en tres obras de Reinaldo Arenas." Diss. Universidad de Utrecht, Holanda, 1984.
Nazario, Félix Lugo. *La alucinación y los recursos literarios en las novelas de Reinaldo Arenas*. Miami: Ediciones Universal, 1995.
Nodarse, Margarita. "La obra de Reinaldo Arenas: un intento de lectura abierta." Diss. University of Miami, Miami, 1988.

Oliver Williams, María Rosa. "La literatura uruguaya en el proceso. Exilio e insilio, continuismo e invención." *Nuevos Textos Críticos* 3.1 (1990): 67-83.
Olivares, Jorge. "Carnival and the Novel: Reinaldo Arenas.' *El palacio de las blanquísimas mofetas*. *Hispanic Review* 53. 4 (1985): 467-476.
___. *"Otra vez el mar* de Arenas: dos textos (des)enmascarados." *Nueva Revista de Filología Hispánica* 35. 1 (1987): 311-320.
Pagni, Andrea. "Palabra y subversión en *El mundo alucinante*." *La escritura de la memoria*. Ed. Ottmar Ette, Frankfurt am Main: Vervuert Verlag, 1992: 139-147.
Rangel, Carlos. "Arenas-Quevedo." *El Universal* , 28 Julio, 1980 : 4: 1.
Rodríguez, Alicia. "Literatura y sociedad: Tres novelas de Reinaldo Arenas, *Celestino antes del alba*, *El palacio de las blanquísimas mofetas* y *Otra vez el mar*." Diss, University of Florida, Gainsville, Florida, 1987.
Rodríguez Monegal, Emir. "The Labyrinthine World of Reinaldo Arenas." *Latin American Literary Review* 8. 16 (1980): 126- 131.
___. *"Celestino antes del alba* de Reinaldo Arenas." *Vuelta* 53 (1981): 33-34.
Rozencvaig, Perla. "Qué mundo tuve que vivir: Entrevista con Reinaldo Arenas." *Vuelta* S/N (1991): 61-64.
Sánchez, Luis Rafael. "Apuntación mínima de lo soez." En *Literature and Popular Culture in the Hispanic World*. Ed. Rose Minc. Gaithersburg, MD: Hispamérica, 1981: 9-14.
Sánchez, Reinaldo, ed. *Reinaldo Arenas: recuerdo y presencia*. Miami: Ediciones Universal, 1994.
Sánchez-Epplet, Benigno. "Call My Son Ismael: Exiled Paternity and Father/Son Eroticism in Reinlado Arenas and José Martí."*Differences: a Journal of Feminist Cultural Studies 6.1* (1994):69-97.
Sánchez-Grey Alba, Esther. "El teatro documento de Reinaldo Arenas." *Círculo: Revista de Cultura* 21 (1992): 67-76.
Sánchez Vázquez, Adolfo. "Radiografía del posmodernismo." *Nuevos Textos Críticos* 6. 3 (1990): 343-347.
Santí, Enrico Mario. "The Fife and Times of Reinaldo Arenas."*Michigan Quarterly Review* 23.2 (1984):227-36.
Schwartz, Kessel. "Maternidad e incesto: fantasías en la narrativa de Reinaldo Arenas" *Reinaldo Arenas: alucinaciones, fantasías y realidad*. Eds. Julio Hernández Miyares y Perla Rozencvaig. Glenview, IL.: Scott, Foresman/Montesinos, 1990: 20-24.
___. "Homosexuality and the Fiction of Reinaldo Arenas." *Journal of Evolutionary Psychology* 5. 1-2 (1984): 12-20.
___. "Social and Aesthetic Concerns of the Twentieth Century Cuban Novel." *Revista de Estudios Hispánicos* 6 (1972): 19-35.
Slevin, Peter. "Ecstasy and Anguish. Life of a Gay Artist in Castro's Havana."

The Miami Herald 17 Oct. 1993: B 31.
Solotorevsky, Myrna. "El relato literario como configurador de un referente histórico: Termina el desfile de Reinaldo Arenas." *Revista Iberoamericana* 57 (1991): 365-69.
___. La relación mundo-escritura. "Reinaldo Arenas." Gaithersburg, MD: Hispamérica, 1993 : 33-155.
Soto, Francisco. "*El portero*: Una alucinante fábula moderna." *Inti* (1991): 106-17.
___. "*Celestino antes del alba*: Escritura subversiva/sexualidad transgresiva." *Revista Iberoamericana* 57 (1991): 345-54.
___. *Los mundos alucinantes de ReinaldoArenas*. Madrid: Editorial Betania, 1990.
___. *Reinaldo Arenas: The Pentagonía*. Gainsville: University Press of Florida, 1994.
___. *Reinaldo Arenas*. New York: Twayne Publishers, 1998.
Terra, Paulo Octaviano. "Entrevista exclusiva a Reinaldo Arenas." *Linden Lane Magazine* 40. 3 (1992): 19-20.
Tomás, Lourdes María. "Géneros en *El mundo alucinante* de Reinaldo Arenas: La reescritura y su función." Diss. New York University, New York, 1991.
___. *Fray Servando alucinado*. Miami: Iberian Sudies Institute, University of Miami, 1994.
Urbina, Nicasio. "La risa como representación del horror en la obra de Reinaldo Arenas." *Hispanic Journal* 13. 1 (1992): 111-121.
Valero, Roberto. El *desamparado humor de Reinaldo Arenas*. Miami: Iberian Institute, University of Miami, 1991. Incluye una bibliografía completa.
___. "*Otra vez el mar*, de Reinaldo Arenas." *Revista Iberoamericana* 57 (1991): 355-63.
Volek, Emil. "La carnavalización y la alegoría en *El mundo alucinante* de Reinaldo Arenas." *Revista Iberoamericana* 51 (1985): 125-148.
Zaldívar, Gladys. "La metáfora de la historia en *El mundo alucinante*." *Novelística cubana de los años 60*. Miami: Ediciones Universal, 1977: 41-71.

3. Libros consultados

Abellán, José Luis. "Filosofía y pensamiento; su función en el exilio de 1939." *Filosofía española en América (1936-1966)*. Madrid: Ediciones Guadarrama, 1966: 151-208.
Allan, Megill. *Prophets of Extremity. Nietzsche, Heidegger, Foucault, Derrida.* Berkeley:California U.P., 1985.
Ayala, Francisco. *El Lazarillo, nuevo examen de algunos aspectos*. Madrid: Taurus, 1971.

Béjar, Eduardo. *La textualidad de Reinaldo Arenas, juegos de la escritura posmodema.* Madrid: Editorial Playor, 1987.
Block de Béjar, Lisa. Ed. *La desconstrucción, otro descubrimiento de América.* Montevideo: Siglo Veintiuno Editores, 1990.
Brooker, Peter, ed. *Modernism/Postmodernism.* London,New York: Longman, 1992.
Camus, Albert. "Le mythe de Sisyphe." *Essais.* Bibliothéque de la Pléiade. París: Gallimard, 1965.
___. *Exile and the Kingdom.* Trans. Justin O'Brien. New York: Knopf, 1958.
Carreter, Lázaro. *Lazarillo de Tormes en la picaresca.* Barcelona: Ariel, 1983.
Ciplijauskaité, Biruté. "Nationalization of Arcadia in Exile Poetry." *Books Abroad* 50 (1976): 295-302.
Conte, Rafael. *Lenguaje y violencia. Introducción a la nueva novela hispanoamericana.* Madrid: Al Boralk, 1972.
Corbatta, Jorgelina. "Metáfora del exilio e intertextualidad en *La nave de los locos* de Cristina Peri Rosssi y *Novela negra con argentinos* de Luisa Valenzuela." *Revista Hispánica Moderna* 67. 1 (1994): 167-83.
Crespi, Franco. "Ausencia de fundamento y proyecto social." *El pensamiento débil.* Eds. Vattimo, G. y P. A. Rovatti. Madrid: Cátedra, 1992.
Díaz Plaja, Guillermo. *La condición emigrante.* Madrid: Cuadernos para el Diálogo, 1974.
Eagleton, Terence. *Exiles and émigrés: Studies in Modern Literature.* New York: Schocken Books, 1970.
Eco, Humberto. *Obra abierta.* Barcelona: Editorial Ariel, 1984.
Fagen, Patricia. *Exiles and Citizens.* Austin: University of Texas Press, 1973.
Foucault, Michel. *Madness and Civilization: A History of Insanity in the Age of Reason.* New York: Random House, 1973.
___. *The History of Sexuality.* New York: Pantheon Books, 1978.
___. *Language, Counter-Memory,Practice.* Ed. Donald F. Boucgard. New York: Cornell University Press, 1977.
___. *Las palabras y las cosas.* México: Siglo Veintiuno Editores, 1977.
Galeano, Eduardo. "El exilio: entre la nostalgia y la creación." *Revista de la Universidad de México* 6 (1979): 66-77.
Glad, John. Ed. *Literature in Exile.* Durham and London: Duke University Press, 1990.
Guillén, Claudio. "On the Literature of Exile and Counter-Exile". *Books Abroad* 50 (1976): 271-80.
Hassan, Ihab Habib. *The Postmodern Tur: Essays in Postmodern Theory and Culture.* Columbus: Ohio University Press, 1987.
Hearth, Erica. "The Creative Alienation of the Writer: Sartre, Camus and Simone de Beauvoir." *Mosaic* 8. 3-4 (1975):177-86.
Hinchliffe, Arnold P. *The Absurd.* London: Methuen, 1969.

Hutcheon, Linda. *A Poetics of Postmodernism*. New York: Routledge, 1988.
Ilie, Paul. *Literatura y exilio interior*. Madrid: Editorial Fundamentos, 1980.
Knapp, Bettina L. *Exile and the Writer: Exoteric and Esoteric Experiences: a Jungian Approach*. University Park, Pa: The Pennsylvania State University Press, 1991.
Kermode, Frank. *History and Value*. Oxford: Clarendon Press, 1989.
Kern, Edith. *Existential Thought and Fictional Technique*. New Haven: Yale University Press, 1970.
Jameson, Frederic. "Postmodernism and Consumer Society." *Modernism/Postmodernism*. Ed. Peter Brooker. London, New York: Longman, 1992: 162-71.
Lavelle, Louis. *L'Erreur de Narcisse*. París: Grasset, 1939.
Lejeune, Philippe. *Le Pacte Autobiographique*. París: Ed. du Seuil, 1975.
Longenbach, James. *Modernist Poetics of History: Pound, Eliot and the Sense of The Past*. Princeton, NJ: Princeton University Press, 1987.
Lyotard, Jean Francois. *The Postmodern Condition. A Report on Knowledge*. Minneapolis: University of Minnesota Press, 1984.
Marichal, Juan. "Las fases políticas del exilio." *En el exilio español de 1939*. Vol. 3 *Guerra y Política*. Ed. José Luis Abellán. Madrid: Taurus, 1976: 229-36.
Milosz, Czeslaw. "Notes on Exile." *Books Abroad* 50 (1976): 281-84.
Moelleer, Hans-Bernhard. Ed. *Latin America and the Literature of Exile*. Heidelberg: Carl Winter Universitatsverlag, 1983.
Olivera-Williams, María Rosa. "Poesía del exilio: El Cono Sur" *Revista Hispánica Moderna* 12. 2 (1988): 125-142.
Palomo, María del Pilar. *La poesía de la edad barroca*. Madrid: Sociedad General Española de Librerías, 1975.
Pascal, Roy. *Design and Truth in Autobiography*. Cambridge, MA: Harvard University Press, 1960.
Paz, Octavio. *El laberinto de la soledad*. México: Fondo de Cultura Económico, 1969.
Quevedo, Francisco de. *Poesía*. México D. F.: Editorial Porrúa S.A., 1994.
Rangel, Carlos. *Del buen salvaje al buen revolucionario*. Caracas: Monte Avila Editores, 1975.
Rieff, David. *The Exile*. New York: Simon & Schuster, 1993.
Sartre, Jean-Paul. *Saint Genet: Comedien et Martyr*. París: Librairie Gallimard, 1952. (En inglés, *Saint Genet*, A Mentor Book: New York, 1964).
Serrano Poncela, Segundo. "La novela española contemporánea." *La Torre* 1 (1953): 105-128.
Stoeckl, Allan. *Politics, Writings, Mutilations. The Cases of Bataille, Blanchot, Roussel, Leiris and Borges*. Minneapolis: University of Minnesota Press, 1985.
Tabori, Paul. *The Anatomy of Exile*. London: Harrap, 1972.

Ugarte, Michael. *Shifting Ground, Spanish Civil War Exile Literature.* Durham and London: Duke University Press, 1989.
Vargas Llosa, Mario. *La verdad de las mentiras.* Barcelona: Seix Barral S.A., 1990.
Wilson, S. R. "El Cono Sur: The Tradition of Exile, The Language of Poetry." *Revista Canadiense de Estudios Hispánicos* 7. 2 (1984): 247-262.
Zambrano, María. *Cartas desde el exilio,* Ciudad México: Ed. Finisterre, 1975.

Indice Onomástico

Abraham, 96
Arturo, vii, xvii, xviii, 16, 71, 72, 73, 75, 76, 77, 78, 79, 80, 81, 82, 83, 84, 85, 86, 87, 88, 95, 119
Ayala, Francisco, 32

Barquet, Jesús, 47, 101
Bataille, George, 48
Batista, Fulgencio, xv, 33, 136
Baudrillard, Jean, 102
Béjar, Eduardo, 56, 60
Blanchot, 67, 86
Borges, Jorge Luis, 2

Camus, Albert, 12, 20, 25, 126
Carreter, Fernando Lázaro, 32
Carriles, Lázaro, 99
Castro, Fidel, 25, 136
Cervantes, Miguel de, 31, 113, 143
Chibás, Eduardo, 33
Cleopatra, 99, 108, 109
Colón, Cristóbal, 124
Condesa de Merlín, 88
Corbatat, Jorgelina, 97
Crespi, Franco, 56

Da Vinci, Leonardo, 143
de Carrión, Miguel, 8
de Granada, Fray Luis, 129
de las Casas, Bartolomé, 2, 121
Dios, 13, 16, 50, 76, 98, 130, 132, 133
Drácula, 146

El Bosco, 125
Ette, Ottmar, xvii, 61, 74, 78, 98, 101

Fernández de la Vega, Oscar, 124
Foster, David William, 80
Foucault, Michel, 39, 40, 45, 46, 52, 59, 60, 61

García Lorca, Federico, 143
Genet, Jean, 24, 143
Gide, André, 143
Gómez de Avellaneda, Gertrudis, 16
González Echevarría, Roberto, 24
Goytisolo, Juan, 61, 74
Guillén, Claudio, 33, 34, 36
Guzmán, Cristina, 46

Hasson, Liliane, 21

Ilie, Paul, 6, 10, 18, 32, 34, 36, 37, 40, 80, 81, 90, 98, 110
Ismael, 89, 90, 91, 92, 93, 94, 95, 96

Jesucristo, 47, 61, 96, 107, 108, 118
Juan, 16, 98, 99, 100, 101, 102, 104, 105, 106, 107, 108, 113

Kermode, Frank, 57

Lavelle, Louis, 83
Lejeune, Phillippe, 23
Lezama Lima, José, 8, 17, 18, 38, 58
Loveira, Carlos, 8
Lyotard, Jean-François, 54

Machado, Gerardo, 136
Martí, José, 4, 6, 17
Megill, Allan, 86
Mesías, 108
Mier, Fray Servando Teresa de, 92, 132
Miguel Ángel, 143
Milosz, Czeslaw, 40
Morales, Alejandro, 60

Narciso, 83

Orwell, 64, 66

Padilla, Heberto, 57
Pagni, Andrea, 58, 124
Palomo, María del Pilar, 140
Pascal, Roy, 22
Paz, Octavio, 24
Percival, 132
Petronio, 143
Piñera, Virgilio, 8, 17, 18, 19, 38, 49, 135
Proust, Marcel, 7

Quevedo, Francisco de, 18, 31, 140, 141

Rangel, Carlos, 12
Rodríguez, Nelson, 146
Rozencvaig, Perla, 60
Rulfo, Juan, 24, 47

San Juan, 98, 108
Sánchez Vázquez, Adolfo, 56

Sánchez, Luis Rafael, 59
Sartre, Jean-Paul, 64
Shakespeare, William, 143
Sócrates, 86
Soto, Francisco, 2, 11, 19
Stoeckl, Allan, 48, 67

Terra, Paulo Octaviano, 8, 16

Ugarte, Michael, 22

Valero, Roberto, 41, 85, 103, 126
Virgen, 127, 128
Visconti, 143

Weyler, Valeriano, 136
Whitman, Walt, 143
Wilson, S.R, 3, 11

HISPANIC LITERATURE

1. Kenrick Mose, **Defamiliarization in the Work of Gabriel García Márquez from 1947-1967**
2. Fray Francisco Moner, **Obras Castellanas: Poemas menores (vol.1)**, Peter Cocozzella (ed.)
3. Fray Francisco Moner, **Obras Castellanas: Poemas mayores (vol.2)**, Peter Cocozzella (ed.)
4. Jorge de Montemayor, *The Diana*, RoseAnna Mueller (trans.)
5. Miriam Adelstein (ed.), **Studies on the Works of José Donoso: An Anthology of Critical Essays**
6. Lisa P. Condé, **Women in the Theatre of Galdós: From *Realidad* (1892) to *Voluntad* (1895)**
7. Lisa P. Condé, **Stages in the Development of a Feminist Consciousness in Pérez Galdós (1843-1920): A Biographical Sketch**
8. Stephen Pallady, **Irony in the Poetry of José de Espronceda, 1834-1842**
9. Frederic W. Murray, **The Aesthetics of Contemporary Spanish American Social Protest Poetry**
10. Benito Pérez Galdós, *Angel Guerra*, Karen O. Austin (trans.)
11. Stephen M. Hart, **Spanish, Catalan and Spanish-American Poetry from Modernismo to the Spanish Civil War: The Hispanic Connection**
12. David Garrison (trans.), **Poems of José Bergamín: *Echoes of a Distant Sea***
13. Kathleen March (ed. & trans.), **An Anthology of Galician Short Stories: Así vai o conto**
14. Benito Pérez Galdós, *The Unknown/La Incógnita*, Karen Austin (trans.)
15. Benito Pérez Galdós, *Reality/Realidad*, Karen Austin (trans.)
16. Benito Pérez Galdós, **The Theatre of Galdós, *Realidad* (1892)**, Lisa Pauline Condé
17. Benito Pérez Galdós, *Gerona*, Translation and with an Introduction by G.J. Racz
18. Antonio Sobejano-Morán, **La Metaficción Creadora en Antagonía de Luis Goytisolo**
19. Connie L. Scarborough, **Women in Thirteenth-Century Spain as Portrayed in Alfonso X's Cantigas de Santa Maria**

20. Gertrudis Gómez de Avellaneda, *SAB*, Introducción y notas, Luis Martul Tobío
21. Evans-Corrales, **A Bestiary of Discontent/Bestiaro des Descontentos**
22. Sixto E. Torres, **The Theatre of José Martín Recuerda, Spanish Dramatist: Dramas of Franco and post-Franco Spain**
23. Joanna Courteau, **The Poetics of Rosalía de Castro's Negra Sombra**
24. Leopoldo Alas, *A Hoax/Superchería*, translated from the Spanish by Michael Nimetz
25. W. Douglas Barnette, **A Study of the Works of Manuel Mantero: A Member of the Spanish Generation of 1950**
26. Joseph A. Levi, **Alfonso X, El Sabio, Estoria de Alexandre el grand General Estoria (Quarto Parte): Manuscript U. Vatican Urb. Lat. 539**
27. Juan Ramón Jimenez, *Spiritual Sonnets/Sonetos Espirituales*, translated into English verse by Carl W. Cobb
28. Francis Lough, **Politics and Philosophy in the Early Novels of Ramón J. Sender, 1930-1936**
29. D. Frier, **Visions of the Self in the Novels of Camilo Castelo Branco (1850-1870)**
30. Lisa Condé, **The Theatre of Galdós - *La Loca de La Casa* (1893)**
31. Miguel de Unamuno, **Miguel de Unamuno's Political Writings, 1918-1924, Volume 1:** *La Anarquia Reinante* (1918-1920), G.D. Robertson (ed.)
32. Miguel de Unamuno, **Miguel de Unamuno's Political Writings 1918-1924, Volume 2:** *El Absolutismo en Acecho* (1921-1922), G.D. Robertson (ed.)
33. Miguel de Unamuno, **Miguel de Unamuno's Political Writings 1918-1924, Volume 3:** *Roto el Cuadro* (1923-1924), G.D. Robertson (ed.)
34. Miguel de Unamuno, **Miguel de Unamuno's Political Writings 1918-1924, Volume 4: A Bibliographical and Analytical Survey**, G.D. Robertson (ed.)
35. Jorge M. Febles and Armando Gonález-Pérez (eds.), **Matías Montes Huidobro: acercamientos a su obra literaria**
36. Pablo Neruda, **Pablo Neruda and Nicanor Parra Face to Face: A Bilingual and Critical Edition of Their Speeches on the Occasion of Neruda's Appointment to the Faculty of the University of Chile**, translated, with an introduction by Marlene Gottlieb

37. Blas de Otero, *All My Sonnets/Todos Mis Sonetos*, translated into English verse by Carl W. Cobb
38. **Pedro Montengón's Frioleras Eruditas y Curiosas Para la Pública Instrucción**, edición, introducción, traducción y notas críticas de Luis A. Ramos-García
39. **Translation of the Sonnets of Vicente Gaos**, translated into English verse by Carl W. Cobb
40. Jorge Guillén, *Our Air/Nuestro Aire*, **Volume One: Canticle/Cántico**, translated into English verse by Carl W. Cobb
41. Jorge Guillén, *Our Air/Nuestro Aire*, **Volume Two: Clamor/Clamor; Homage/Homenaje**, translated into English verse by Carl W. Cobb
42. to be announced
43. **A Bilingual Anthology of Spanish Poetry: The Generation of 1970**, edited by Luis A. Ramos-García, translated by Dave Oliphant, introduced by Miguel Casado
44. Jeremy S. Squires, **Experience and Objectivity in the Writings of Rafael Sánchez Ferlosio**45. José Eustasio Rivera, *Promised Land/Tierra de promisión*, translated into English verse by Carl W. Cobb
45. José Eustasio Rivera, *Promised Land/Tierra de promisión*, translated into English verse by Carl W. Cobb
46. Amado Nervo, *The Soul-Giver/El Donador de Almas,* translated by Michael F. Capobianco and Gloria Schaffer Meléndez
47. Andrew Ginger, **Political Revolution and Literary Experiment in the Spanish Romantic Period (1830-1850)**
48. Gregory K. Cole, **Spanish Women Poets of the Generation of 1927**
49. Kevin S. Larsen, **Cervantes and Galdos in *Fortunata y Jacinta*–Tales of Impertinent Curiosity**
50. María Luisa Negrín, **El círculo del exilio y la enajenación en la obra de Reinaldo Arenas**